MES RECETTES DE

WONDER MOM

© iStock – Alicia Fdez pour la photographie page 14 ; DragonImages pour la photographie page 16 ; AlexRaths pour la photographie page 18 ; RichLegg pour la photographie page 21 ; Olga Mazyarkina pour la photographie page 23 ; Anvr pour la photographie page 31 ; Margouillatphotos pour la photographie page 50.
© Betül Balkan pour toutes les autres photographies, intérieur et couverture.
Stylisme : Virginie Martin.
Création maquette et mise en pages : Bénédicte Souffrant – PCA-CMB.

ISBN : 978-2-7029-2801-1

www.editions-tredaniel.com
info@guytredaniel.fr
www.facebook.com/tredaniel.bienvivre
@tredaniel_bienvivre

MAGALI BALLESTER

MES RECETTES DE WONDER MOM

LE COURRIER
DU LIVRE

27, rue des Grands-Augustins
75006 Paris

Pour toi Manet,
ce livre que je t'avais promis d'écrire
le jour où tu es partie rejoindre les étoiles.
Tout ce que tu m'as transmis avec Mémé se trouve à l'intérieur.
Vous vivez en moi.
Tu aurais dû avoir cent ans cette année.

SOMMAIRE

PARTIE II

LES RECETTES DU QUOTIDIEN

PARTIE III

LES PLAISIRS EXPRESS

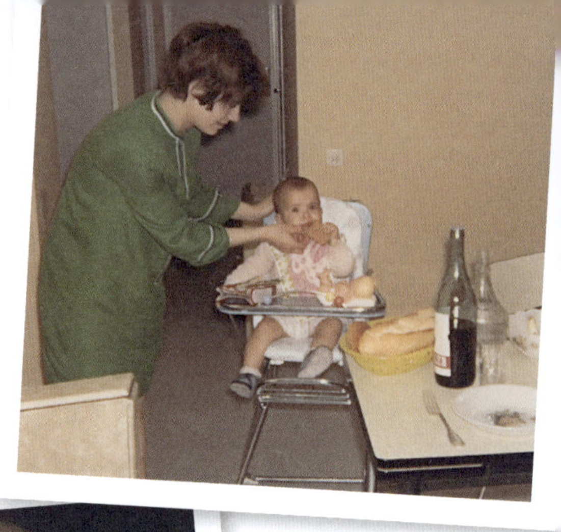
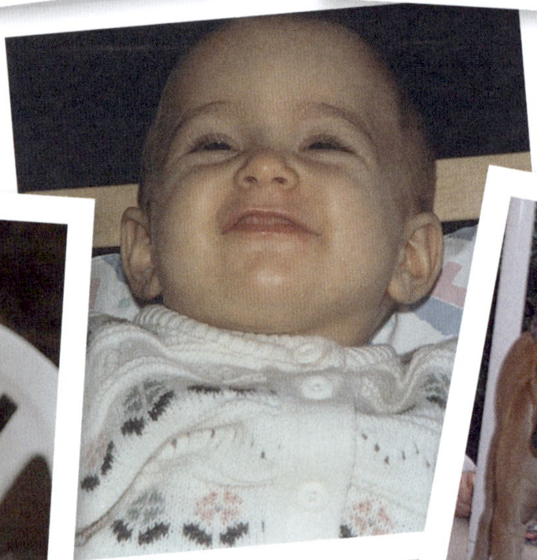

MON HISTOIRE

Tu as pris ce livre pour avoir des idées de recettes, mais il est beaucoup plus qu'un livre de cuisine lambda. Il raconte aussi une histoire de famille qui se transmet dans nos assiettes de génération en génération. L'histoire de ce livre débute il y a plus d'un siècle. Tout commence par ma trisaïeule – Jeanne –, qui mit au monde une petite fille qui s'appelait Rose (ici, tu la découvriras sous le nom de Manet, mon arrière-grand-mère). Quelques années plus tard, Manet eut une fille – Danielle (ma mémé Dany) – puis est arrivée ma maman – Marilyn –, enfin, des années encore après, je suis à mon tour arrivée dans cette famille.

Moi, c'est Magali. Aujourd'hui, j'ai 31 ans, je suis en couple avec Ludovic et j'ai deux merveilleux enfants, Liam (7 ans bientôt) et Neela (5 ans bientôt). J'ai travaillé pendant dix ans à l'hôpital en tant qu'aide-soignante, mais depuis septembre 2021 j'ai décidé de tout arrêter et de me consacrer à ma famille, à mon compte Instagram (@wonder.moms_), de créer ma société… Le 29 octobre 2021, une nouvelle étoile s'est mise à briller dans le ciel (c'était Manet, elle venait de rejoindre sa fille). Je lui fis la promesse d'écrire ce livre, peu importe le temps que cela prendrait.

Tout a commencé lorsque j'étais petite. Manet et mémé Dany me gardaient très souvent avec mon frère Thomas, car mes parents travaillaient beaucoup. Cet amour de la cuisine est né à ce moment-là. Lorsqu'elles cuisinaient j'étais avec elles, je les regardais faire, je les aidais, je préparais les fêtes de famille (Noël, Pâques…). Il y avait aussi ma mamie (Aimée) chez qui je passais les vacances scolaires avec mes cousins et qui cuisinait pour nourrir six bouches tous les jours. Les années ont passé… En grandissant, j'ai commencé à cuisiner seule pendant que mon papa et ma maman travaillaient. Je cuisinais pour mon frère (oui, parce que des pizzas au four tous les jours c'était pas possible… mais on ne va pas trop lui en demander, il savait au moins allumer le four ! ☺). À 20 ans, je suis devenue propriétaire, j'étais autonome, plus de maman, plus de mamie, de Manet ou de mémé pour me préparer les repas, mais c'était sans importance ! J'avais les bases, il fallait simplement que je trouve MON ORGANISATION. Quelques années plus tard, j'ai rencontré Ludo et nous avons eu Liam. À ce même moment, je me lançai sur Instagram tout en travaillant à l'hôpital. Je me suis mise à partager ma vie de jeune maman, à donner des astuces, des recettes de petits pots pour enfants… Liam m'a accompagnée dans toutes ces étapes. À cette époque, Ludo était militaire et je me retrouvai donc seule avec Liam au quotidien pendant deux ans.

J'ai voulu faire avec Liam comme on avait fait pour moi. Dès ses 3 mois, il était dans son transat à côté de moi pendant que je cuisinais et nous avons avancé tous les deux comme ça. Plus les mois passaient, plus je l'impliquais. Il était avec ma maman et moi lorsque nous préparions les fêtes de famille. Les années passèrent vite et, après trois fausses couches, une petite fille vint se nicher au creux de moi. C'était Neela. Au même moment, Ludo décida de quitter l'armée pour profiter de sa famille. J'avais hâte d'être maman pour la deuxième fois, sauf que chaque grossesse est différente, de même que chaque accouchement, chaque bébé. Après deux semaines de vie, de nombreux moments d'angoisse, des examens médicaux, des prises de sang... nous avons appris que Neela était allergique aux protéines de lait de vache (PLV) et au lactose. À ce moment-là, tout s'est effondré! Moi qui adorais cuisiner, je me suis demandé comment j'allais pouvoir y arriver! Est-ce que cela allait être possible? Et après quelques semaines à avoir des doutes, je me suis mis un coup de pied aux fesses et je me suis dit: «Magali, tu ne peux pas échouer, c'est pour la santé de ta fille et tu aimes la cuisine. Tu vas donc y arriver pour elle!» Les mois ont passé, j'ai fait des tests, j'ai créé quelques recettes spécialement pour Neela (voir «Les recettes de Neela sans PLV ni lactose», page 137) et j'ai continué à partager tout ça sur mes réseaux. J'ai partagé les recettes que les femmes de ma famille m'ont transmises, les recettes que j'ai créées moi-même, les recettes que j'ai faites pour Neela. J'ai vu l'enthousiasme qu'il y a dans vos messages dès que je partage une recette alors, grâce à ce livre, je vais vous offrir une partie de moi, de ma famille, avec des recettes, des astuces, des idées...

Une petite précision pour finir: je m'adresse aux mamans parce que ma communauté est composée en majorité de mères, mais, bien sûr, ce livre s'adresse à tous, homme ou femme, avec ou sans enfants. Les papas, les tatas et les tontons sont évidemment les bienvenus!

MES TRUCS ET ASTUCES POUR S'ORGANISER EN CUISINE

Avant de partager avec toi mes recettes, les grammages, les cuissons, il faut que je te donne quelques-uns de mes petits secrets que j'ai déjà partagés sur mes réseaux mais qui suscitent beaucoup de questions à chaque fois comme : « Magali, comment fais-tu les courses au mois ? », « Comment organises-tu tes placards ? », « Comment je fais pour ne pas gaspiller ? »...

I. Optimiser les courses

Je ne sais pas pour toi, mais ici j'ai tout testé : les courses à la semaine, les courses tous les quinze jours, les courses au mois ! Après de nombreuses comparaisons, j'en ai conclu que le plus économique ce sont les courses au mois. Attention, je vais te donner mon secret, mais il faut avoir un minimum de possibilités de rangement et de stockage. Tu peux aussi essayer d'appliquer cette astuce tous les quinze jours, mais le maître mot pour réussir c'est l'ORGANISATION ! Les deux à trois premiers mois, tu ne vas pas faire de réelles économies. C'est à partir du deuxième voire du troisième mois que tu vas les constater, surtout si tu t'y tiens bien (oui, parce qu'il faut dire que nos mauvaises habitudes reprennent vite le dessus) !

Tout va se dérouler selon des étapes bien distinctes, mais ne t'inquiète pas, tu ne vas pas être obligée de repasser par toutes ces étapes tous les mois... Il s'agit d'un coup à prendre !

ÉTAPE 1 Se réorganiser

Il faut que dans ta tête tu te dises qu'il va y avoir un coin « usage régulier » et un coin « stockage » (attention, ne te préoccupe pas de ce « coin » pour le moment, nous en reparlerons à l'étape 2).

Je te conseille d'acheter des bocaux de rangement de différentes tailles (si possible en verre, cela évite que certains aliments prennent le goût du plastique). Par exemple, des bocaux pour les spaghettis, pour les pâtes,

le riz, la semoule, les épices, le sucre, la farine, les céréales… Petite précision pour les céréales : si monsieur prend des céréales d'une certaine marque, ton fils d'une autre, ta fille autre chose, prends-leur chacun une boîte. Au mois, cela va te permettre de mieux gérer tes courses par la suite. Fais la même chose pour les pâtes, avec pas plus de trois types de pâtes différents.

Achète des boîtes de rangements pour le réfrigérateur, prends idéalement différents contenants selon la place que tu as. Mais il te faudra aussi quelques rangements pour tes placards (tu peux très bien prendre les mêmes que ceux du réfrigérateur).

Achète des étiquettes déjà toutes faites avec écrit « pâtes », « sucre », etc., et des étiquettes vierges sur lesquelles tu vas pouvoir écrire avant de les coller sur les boîtes.

Cette partie-là, tu peux la faire en plusieurs fois pour réaliser tes achats car c'est un budget important. Mais priorise tout de même les bocaux et les boîtes de rangement, tu pourras, le mois suivant, acheter des rangements pour le réfrigérateur et des étiquettes.

Tu peux retrouver tous ces articles directement en magasin ou sur Internet. Tu as par ailleurs plein d'exemples de produits sur Pinterest.

ÉTAPE 2 Réorganisation des placards et du réfrigérateur

OK ! Tu as tes petits achats avec toi, tu es toute contente (avoue-le !). Il est donc temps de te mettre au travail.

Tu as des paquets ouverts dans tes placards ? Mets ces articles dans les bocaux. Pour commencer, priorise les produits secs comme les pâtes, le riz, la semoule... puis le sucre, la farine, les épices, les céréales, le chocolat en poudre... Colle tes petites étiquettes si tu as pu t'en procurer... et laisse tout ça de côté ! Les bocaux vont être ton « usage régulier ».

Regarde aussi s'il te reste des paquets non ouverts. Laisse-les dans un coin car ils vont faire partie de ta réserve.

Quant aux boîtes de rangement pour le placard, tu peux mettre à l'intérieur : les gâteaux des enfants (pour ma part, ils ont chacun leur boîte car Neela a des allergies, ce qui évite que les gâteaux soient mélangés), un compartiment pour les gourdes de compote par exemple, une boîte de rangement pour les sachets de levure, de sucre vanillé...

Rappelle-toi que je ne fais que te donner des conseils, quelques exemples. Malheureusement, je ne suis pas dans ta cuisine pour te faire profiter de mon œil d'experte, mais je sais que tu vas y arriver. Si ce n'est pas bon, tu as toujours le temps de changer ta disposition et ton organisation !

D'ailleurs, parlons-en : d'un côté, tu as tes bocaux à « usage régulier » et de l'autre, tu as tes paquets tout neufs de « stockage ». Il est temps pour toi de trouver une place fonctionnelle pour chacun de tes bocaux. Ils doivent être à ta disposition le plus rapidement possible car ce sont des bocaux à « usage régulier ». En outre, je te conseille d'organiser ta réserve, par exemple : tes paquets de pâtes avec tes paquets de pâtes, les conserves avec les conserves...

Es-tu contente de toi ? En tout cas, moi oui ! Tu dois déjà y voir plus clair...

> « N'hésite pas à partager tout ça avec moi sur les réseaux en m'identifiant sur Instagram sous le nom de @wonder.moms_. Organiser la mise en place des premiers rangements permet de voir plus clair, cette partie est vraiment la plus satisfaisante, selon moi. »

Pour ton réfrigérateur, je suppose qu'il est plein, attends donc qu'il soit TOTALEMENT VIDE pour t'en occuper ! Par contre, si ton frigo est vide, *go faire ta liste de courses comme je te l'explique juste en dessous.*

Concernant la place, beaucoup me disent : « J'habite dans un appart », « je n'ai pas une grande cuisine »... dis-toi que c'est possible ! Avant d'avoir une belle et grande cuisine, j'avais un tout petit appartement avec quasiment pas de rangements (plus précisément, cinq étagères pour toute une cuisine). Il suffit de savoir trouver SON ORGANISATION.

ÉTAPE 3 La première liste de courses pour le mois

Ton réfrigérateur est vide, tes placards avec ton coin « usage régulier » sont quasiment pleins et ton coin « stockage » commence à faire la tronche… pas de problème, on va régler tout ça !

On prend son petit papier, son stylo et c'est parti ! Il va falloir que tu te bases sur ton coin « stockage » pour faire ta liste de courses. Attention, si ton coin à « usage régulier » est vide, n'hésite pas à remplir de nouveau tes bocaux. Je te donne un exemple : tu as un fond de riz dans ton bocal mais dans ton coin réserve tu as un ou deux paquets de riz, mets dans ce cas ton paquet de réserve dans ton bocal, cela va te permettre de faire ta liste plus facilement.

Reprenons notre papier et notre stylo : tu fais le tour de ta réserve et tu te rends compte qu'il te reste, par exemple, un paquet de riz dans la réserve et que ton bocal est plein. Tu connais plus ou moins ta consommation de riz (WE LOVE RIZ/I DON'T LOVE RIZ), tu ajoutes alors un ou deux paquets, plus ou moins selon ta consommation.

Est-ce bon pour toi ? Non, je crois que tu as peur de trop en prendre ou pas assez, c'est bien ça ? Je te donne un autre exemple : les céréales pour le petit déjeuner (je déteste cette partie, ce sont des fous de céréales à la maison). Les enfants prennent un bol chaque matin ainsi que monsieur, en différentes quantités selon leur âge, mais « Marius » aime les pétales de chocolat et les billes de maïs soufflé au miel, alors qu'« Olivia » préfère les céréales multicolores et celles qui donnent la force d'un lion, et monsieur

aime bien les mueslis. Nous ne sommes pas là pour priver tout le monde, tu vas donc faire selon ta consommation, par exemple : trois paquets +/- pour Marius, trois paquets +/- pour Olivia, et huit paquets pour monsieur (non, tu ne rêves pas, Ludo consomme huit paquets de céréales par mois, mais ce sont des paquets de 400 g, donc ça en fait plus en quantité).

Tu fais de même pour les biscuits, les conserves type concassé de tomates, farine, sucre…

Tu as donc terminé ta liste pour tes placards, passons aux produits frais ! (Avoue que c'est ce que tu attends le plus ! Dès que je poste mes courses au mois sur mes réseaux, mon portable n'arrête pas de sonner et chacun me demande comment je m'organise pour les produits frais !)

Commençons par la viande et le poisson. Tu es plus adepte du surgelé ou de viande fraîche ? Pour ma part, je prends toujours de la viande fraîche, sauf cas exceptionnel ! Pour ta viande, ton poisson, prends-les selon tes habitudes, par exemple si vous mangez des steaks hachés trois fois dans la semaine, fais ton calcul sur un mois (ou quinze jours si tu as choisi cette option par manque de place), et tu le marques sur ta liste. Tu reproduis la même chose pour le poisson.

En ce qui concerne le jambon blanc de Paris, le saucisson, la saucisse de Strasbourg, tu fais de même.

Dans les produits frais, nous retrouvons fromages, yaourts, crème fraîche, pâtes fraîches type gnocchis, raviolis… Pour cette étape, c'est simple, tu fais selon les habitudes de chacun dans la famille. Par exemple avec les yaourts, tu sais que Marius aime le petit-suisse, les yaourts au chocolat, les flans : marques-en un de chaque sur la liste pour que ça puisse faire un ou deux yaourts par jour pendant vingt-cinq jours environ, *idem* pour Olivia qui a peut-être des allergies, des intolérances ou tout simplement des préférences, ainsi que pour monsieur.

> “ Idéalement, je rêverais que tout le monde mange les mêmes yaourts à la maison, mais ce n'est pas le cas. Chacun a ses goûts, donc organiser la liste de courses prend du temps et, parfois, le budget et un peu dépassé, mais, comme j'aime à le dire : « Nous nous refusons plein de choses, de choix, dans notre quotidien, ce qui se trouve dans notre assiette est donc un moment de plaisir à ne pas gâcher. » ”

Tu as différentes façons de faire tes courses : aller en magasin, le *drive*, la livraison, etc.

Pour cette première liste de courses, je te conseille de te rendre directement en magasin.

ÉTAPE 4 Comment faire ses premières courses pour le mois

C'est la première fois que tu te lances à faire tes courses au mois. Dans les étapes précédentes, nous avons vu comment réorganiser les placards, le réfrigérateur, préparer la première liste de courses, et maintenant nous allons voir comment faire nos courses. Je ne t'apprends rien de nouveau, mais je peux te donner quelques astuces pour que tes courses durent le plus longtemps possible.

Comme je le disais précédemment, tu as différentes façons de faire tes courses mais pour les trois premiers mois, il vaut mieux aller directement en magasin même si, en temps normal, tu es une adepte du *drive* ou de la livraison à domicile. Avec les années et mon organisation de famille, j'opte très souvent pour la livraison à domicile et pour l'achat des produits frais en magasin.

C'est parti ! Tu es dans le magasin, tu as ta liste de courses, tu as dans un coin de ta tête l'organisation que tu as mise en place. Les premières fois, rends-toi dans TOUS LES RAYONS sans exception car généralement tu suis tes habitudes... sauf que dans certains rayons se cachent des produits avec de meilleurs tarifs.

Personnellement, je fais mes courses en deux étapes et dans deux magasins différents. PREMIÈRE ÉTAPE : je ne prends que les produits d'entretien, les pâtes, le riz, les céréales, les produits surgelés dans un magasin. DEUXIÈME ÉTAPE : les produits frais (fruits, légumes, viandes, poisson) que j'achète soit dans un autre magasin, soit directement chez le primeur, à la

boucherie, à la poissonnerie… (pour ma fille Neela, par rapport à ses allergies). Quand Neela était petite, c'était beaucoup plus compliqué car j'étais obligée d'aller dans différents magasins, à différents moments du mois juste pour elle, mais nous en parlerons ultérieurement.

Revenons à notre Caddie. Pour les produits secs dont la date de péremption est plutôt éloignée, tu n'as pas de soucis à te faire. Par contre, pour les produits frais comme les yaourts, les crèmes, le fromage, le jambon… je vais te donner une astuce. Ne prends JAMAIS celui qui est devant ! Pourquoi ça ? Car la date est souvent courte… mais si tu prends le produit plus au fond, la date de péremption est beaucoup plus longue de quinze jours à trois semaines.

Autre astuce : choisis bien le moment où tu vas faire tes courses directement en magasin, parce que chaque enseigne est réapprovisionnée à une date précise dans le mois. Je m'explique : dans les deux enseignes où j'ai l'habitude d'aller, j'ai compris comment ça marche ! Ils font une mise en rayon quotidienne mais j'ai remarqué que lorsque je fais mes courses entre le 7 et le 15 du mois, les dates de péremption des produits sont beaucoup plus longues contrairement aux fois où j'ai pu y aller en début et en fin de mois. Et tu sais quoi ? C'est normal ! Pourquoi ça ? Car les salaires sont versés en fin ou en début de mois, généralement pas en plein milieu, alors le stock part beaucoup plus vite en fin et en début de mois, tu as donc moins de choix pour les dates… C'est pour cette raison que faire les courses au mois et ne pas revenir plusieurs fois par semaine te fait faire des économies. Nous allons voir comment faire de petites économies à l'étape 5, mais poursuivons avec le choix de nos fruits et nos légumes.

Comme pour les autres produits frais, c'est une question d'exposition (tu sens mon expérience ressortir ? Oui, je connais toutes ces petites astuces parce que lorsque j'étais étudiante j'ai fait plusieurs petits boulots. Pendant quelques années, j'ai bossé en tant qu'hôtesse de caisse et quelquefois en rayons, je sais donc un peu comment ça marche). Donc, pour tes fruits et légumes, prends-les le plus loin du bord ou choisis ceux qui se trouvent dans les packs du dessous (attention : respecte toujours le travail des personnes qui mettent en rayons) : ils ne sont très souvent pas aussi mûrs que ceux qui se trouvent devant. Nous reviendrons sur la conservation des fruits et des légumes dans la partie III, « Conservation, Be Save, *batch cooking*… », page 25.

ÉTAPE 5 Faire de petites économies

Comme les femmes de ma famille me le disaient : il n'y a pas de petites économies… et, j'ajouterais : SURTOUT DE NOS JOURS !

Tu es toujours dans le magasin en train de faire tes courses et là, tu te retrouves devant le rayon des pâtes. Tu as deux solutions, soit tu prends la marque dont tu as l'habitude, soit tu prends une marque différente qui te permettra de faire des économies. Tu vas te trouver devant un paquet de 500 g qui te paraîtra moins cher alors qu'à côté il y a un paquet d'un kilo... Comparer le prix au kilo, il n'y a que ça de vrai! S'il y a une promo, attention! Nous avons tendance à vouloir en profiter, sauf que bien souvent quand on compare le prix au kilo on se rend compte que nous sommes perdants, donc attention!

Est-ce que cette première astuce t'a plu? Oui? Je t'en donne une autre... Il y a certains produits pour lesquels je préfère prendre de la marque, mais il y en a d'autres comme le sucre, le sel, les épices, le concentré de tomates, le concassé de tomates... pour lesquels je vais préférer la « sous-marque »! Pourquoi ça? Tout simplement parce que je cuisine énormément et parce que le sucre, c'est du sucre, quelle que soit la marque, il aura le goût du sucre, *idem* pour le concentré de tomates... Je te parle en connaissance de cause, car j'ai déjà fait plein de tests, regardé pas mal de documentaires sur la fabrication de nos produits avant de pouvoir en parler. Je te garantis que les économies réalisées seront importantes, et que tu seras clairement gagnante. Bien entendu, si tu fais ça sur une grande partie de tes courses, tu vas parfois me remercier (pour les économies) et parfois me maudire (si tu tombes sur des mauvaises surprises au niveau du goût en prenant la sous-marque), mais ça te permettra de ne pas refaire la même erreur la prochaine fois.

ÉTAPE 6 Retour des courses et rangement

Ton retour de courses va être PRIMORDIAL pour que tu puisses bien t'organiser tout au long du mois. Tu as tes boîtes pour le réfrigérateur, ta « réserve » et ton coin « usage régulier ».

Sors toutes tes courses, mets-les sur ta table, ne les range pas directement dans les placards ou le réfrigérateur, car tu as une étape importante à franchir: CLASSER. Je te donne un exemple: tes yaourts sont tous exposés sur ta table, enlève leur emballage et classe-les par DATES: les dates les plus éloignées dans le temps derrière, les dates les plus proches devant. Fais de même pour ton fromage, ta crème, tes pâtes fraîches... Dans tes bacs de réfrigération, tu peux mettre par exemple le jambon, les saucisses, la charcuterie... dans un autre tes fromages... Tu as pris beaucoup trop de fromage râpé? Pas de souci, n'hésite pas à le conserver au congélateur, ça te servira de réserve lorsque le pack que tu as dans le frigo sera terminé... *Idem* pour la pâte feuilletée par exemple.

Pour la viande, le poisson, je te conseille selon les dates de garder les plus courtes dans ton réfrigérateur et de mettre les plus longues au congélateur, ça te permettra d'avoir une petite réserve pour le reste du mois. Mais attention, ne les congèle pas dans leur pack d'origine! Pour différentes raisons: bien souvent, ce sont des emballages avec par exemple six voire huit blancs

de poulet ou bien celui du boucher qui se trouve dans le papier et ce n'est pas top pour la conservation dans le congélateur. Ensuite, il y a plusieurs parts dans un pack, or tu ne vas pas manger huit blancs de poulet au même repas, n'est-ce pas ? C'est pour cette raison que si tu as des sacs de congélation (réutilisables de préférence), du film alimentaire, idéalement en sous-vide, je te conseille de mettre une ou deux tranches dans le sachet avec si possible une étiquette sur laquelle tu écriras la date, le produit, la quantité... Tout ça te permettra d'avoir un suivi.

Les fruits et les légumes, c'est LA question : comment fais-je pour avoir des fruits et légumes frais sur une longue période ? Le maître mot est : une bonne conservation. Sais-tu qu'il y a certains fruits ou légumes qui ne supportent pas la conservation à température ambiante et d'autres si ? D'abord, il faut retirer tous les produits de leur sac d'emballage, qu'il soit en papier ou en plastique. Tu vas ainsi pouvoir les mettre dans le bac destiné aux fruits et légumes.

Tu termines ce chapitre avec toutes les clés en main pour faire tes courses au mois ! Tu as sûrement des questions en tête comme : « comment ne pas gaspiller ? », « comment avoir une bonne conservation des produits ? »... tout arrive dans le prochain chapitre.

II. Non au gaspillage

Le risque de faire les courses au mois (ou non d'ailleurs), c'est le gaspillage ! Chez nous, c'est INTERDIT ! Je ne supporte pas ça, il y a tellement de personnes qui ne mangent pas à leur faim, qui n'ont rien dans leur assiette et j'en passe. Lorsque j'étais petite, les femmes de ma famille me parlaient de l'importance de ne pas gaspiller – surtout Manet qui a connu la Seconde Guerre mondiale et toutes les restrictions qui vont avec : les tickets pour avoir un morceau de pain, les jours où ils ne pouvaient pas manger... D'ailleurs, je vais partager avec toi une histoire qui lui est arrivée durant cette période. À chaque fois qu'elle me l'a racontée, j'avais beaucoup de peine pour eux...

C'était en plein milieu de la Seconde Guerre mondiale, Manet avait un peu plus de 10 ans, elle et son petit frère avaient un petit hamster. Un jour, en rentrant de l'école, elle se rend chez le boucher et le boulanger avec les tickets repas que sa maman lui a donnés, sauf qu'il n'y a plus rien ! Excepté un morceau de pain à se partager. Vient le moment du repas, et sur la table, elle découvre autre chose que du pain... de petits morceaux de viande. Manet demande comment cela est possible, étant donné qu'il n'y en avait plus à la boucherie... Sa maman lui répond qu'elle a demandé de l'aide à une voisine. Ils mangent tous le repas, sont très heureux de pouvoir consommer de la viande, et Manet remonte dans sa chambre. Or là... il n'y avait plus son hamster ! Je pense que tu es en train de comprendre. Sa maman devait nourrir sa famille, ils avaient tellement faim... Elle a donc décidé de cuisiner le hamster des enfants. Manet fut très triste quand elle a compris, elle fut aussi malade car elle prit conscience qu'elle venait de manger son animal de compagnie.

Cette histoire n'est absolument pas gaie mais elle est bien vraie. Petite, je me souviens que j'avais pleuré quand elle me l'avait racontée car j'étais triste pour son hamster. En grandissant, lorsqu'elle m'en reparlait, j'étais triste pour eux ! C'est pour cette raison que le gaspillage, c'est NON ! Alors, c'est parti pour expliquer comment je l'évite à la maison.

Il y a le gaspillage des plats que l'on cuisine, le gaspillage des produits frais... Il existe plusieurs façons d'éviter cela, commençons par les plats que l'on cuisine.

Cuisine en petites quantités pour éviter qu'il y ait des restes.

Tu peux aussi faire du *batch cooking*[1] (personnellement, je ne suis pas une adepte de ce concept, mais il m'arrive de le faire pour Ludo de temps en temps...).

Par contre, si tu es comme moi et que tu cuisines toujours trop, voici comment faire pour éviter le gaspillage. Je te donne un exemple : tu décides de faire des pâtes à la bolognaise, et tu fais beaucoup trop de sauce, eh bien, soit tu décides de la garder pour le lendemain, soit tu la congèles. Certains vont la jeter ! Non, stop ! Tu gardes ta sauce et avec le reste tu vas pouvoir faire des lasagnes par exemple. Cela te permet de ne pas gaspiller, mais

---

1. Le *batch cooking* est tout simplement le fait de préparer tous les repas de la semaine en une seule session de cuisine, qui ne dure généralement pas plus de deux ou trois heures. Cette méthode permet donc de gagner énormément de temps sur la préparation des repas quotidiens.

aussi d'avoir un plat différent des pâtes à la bolognaise que tu as mangées la veille.

Un autre exemple ? Il te reste beaucoup trop de riz, et, le riz, on a du mal à le garder d'un repas à l'autre. Avec celui-ci tu peux faire par exemple des croquettes de riz panées au cœur coulant de mozzarella : et voilà un nouveau plat de plus et pas de gaspillage.

Je termine avec un dernier exemple : beaucoup jettent à chaque fois le jus de cuisson du poulet rôti, le jus de la cuisson du rosbif... ! On ne jette pas les jus de cuisson, sais-tu pourquoi ? Car tu peux les conserver plusieurs jours au réfrigérateur et si besoin au congélateur. Tu te demandes peut-être ce que tu peux faire avec ces jus ? C'est très simple, c'est la fin du mois et tu n'as quasiment plus rien à cuisiner, il te reste un peu de riz, de pâtes, de légumes... N'hésite pas à prendre le jus de cuisson pour donner du goût à tes plats ou tout simplement pour faire revenir tes légumes… C'est excellent et ça évite de gaspiller. Est-ce que tu fais déjà ça ?

Je pense que nous sommes bons là, tu n'as plus d'excuses pour gaspiller tes plats maison… En fait ce ne sont pas les plats que l'on gaspille le plus souvent, mais les produits frais car ils ont une date de péremption.

Commençons par les produits frais comme le fromage, le jambon, les saucisses… Normalement, si tu as bien lu la première partie et que tu appliques le rangement dans ton réfrigérateur, tu ne devrais pas gaspiller, mais ça peut arriver ! Je t'explique donc comment éviter cela. Rappelle-toi que tu dois classer les aliments par dates de péremption dans le réfrigérateur. Quand tu cuisines, ne prends pas le paquet rangé tout au fond, même si c'est ce que tu as très envie de manger. Mais est-ce que ça ne vaut pas le coup de faire un effort pour réaliser des économies et éviter le gaspillage ? Je pense que si ! Bien sûr, tu peux te faire plaisir de temps en temps. Tu peux aussi opter pour les produits frais du *batch cooking*, car au moins toutes les semaines quand tu cuisines tu prendras au fur et à mesure dans ton réfrigérateur selon les dates.

En ce qui me concerne, à la maison on y arrive, car j'ai expliqué aux enfants l'importance de faire tous ces petits gestes. Le plus dur à gérer c'est monsieur, il ne comprend pas toujours pourquoi, alors je le laisse parfois faire sa propre expérience… et puis quelques jours après j'entends : « Mag, j'ai plus de… » et j'aime bien lui répondre « C'est normal, tu es allé dans la réserve donc tu n'en as plus… »

Pour les fruits et légumes c'est une autre histoire en fonction du temps, du moment où tu les achètes. Ils peuvent s'abîmer plus ou moins vite, c'est pour cette raison que je les cuisine toujours dans les dix à quinze premiers jours dans le mois. Souvent, il m'en reste et j'ai peur qu'ils pourrissent, alors je prends un moment pour tous les nettoyer, les couper en morceaux, les mettre dans des sacs de congélation sur lesquels sont écrits le produit, la date… et je les mets au congélateur. Il me suffit de les décongeler dès que j'en ai besoin. Pour les fruits, c'est autre chose. Quand j'ai l'impression qu'ils commencent à être trop mûrs, je fais soit des smoothies, soit des compotes, cela permet d'avoir des desserts déjà prêts lorsque nous n'avons presque plus de yaourts à la maison.

Penses-tu qu'avec ces astuces tu vas pouvoir éviter de gaspiller ou ne plus gaspiller du tout ? Je pense que oui, je crois en toi, tu vas peut-être avoir du mal au début mais c'est comme tout : une habitude à prendre. Dans la partie suivante, je vais te parler de l'importance de la conservation et du *batch cooking*…

III. Conservation

Je viens de t'expliquer comment éviter de gaspiller et je pense que tu as bien compris que la conservation est primordiale ! À la maison, j'essaye plein d'astuces pour une bonne conservation comme les boîtes Tupperware, les sacs de congélation... C'était bien au début, ça me convenait, mais la conservation n'était pas toujours au top et les produits s'abîmaient vite. Je me suis donc tournée vers la conversation sous vide, j'ai fait mes recherches et je suis tombée sur de nombreuses marques et de nombreux produits. En plus d'éviter de gaspiller, je voulais faire un petit geste pour la planète et éviter d'avoir trop de plastique. J'ai donc testé un appareil sous vide qui n'utilise pas de sachet plastique mais plutôt des plats en verre de différentes tailles. Les retours furent surprenants ! Voici quelques exemples sur la conservation des aliments sans et avec l'appareil :

ALIMENTS	SANS appareil	AVEC appareil
Salade	3 jours	21 jours
Plats cuisinés	3 jours	10 jours
Fruits frais	5 jours	20 jours
Viande fraîche crue	3 à 5 jours	6 à 9 jours
Viande fraîche cuite	3 à 5 jours	10 à 12 jours
Poissons frais	2 jours	6 jours

Il existe plusieurs marques qui font ce genre de choses, comme Guy Demarle, Airblock ou Dafi See Yoo. Cela a un coût, c'est sûr, mais il sera vite amorti par les économies que tu feras en ne gaspillant plus !

Ce ne sont que quelques exemples, mais ça marche aussi pour les smoothies, les soupes, les jus de fruits maison et j'en passe.

Grâce à tout ça, tu vas pouvoir beaucoup mieux conserver tes produits et, pourquoi pas, faire du *batch cooking* pour la semaine. Alors, tu es adepte ou pas ?

MES TRUCS ET ASTUCES POUR CUISINER EN FAMILLE, EN TANT QUE MAMAN (OU PAS !)

Que nous soyons femme, homme, maman, parent, célibataire... la première partie était pour tout le monde, mais ici l'on va se concentrer sur les mamans, les tatas, les grands-mères, les nounous... Bref, toutes les personnes qui sont entourées de petits ventres sur pattes que nous appelons les enfants ! Je pense que tu l'as compris, je suis maman depuis maintenant bientôt sept ans de Liam et Neela. Lorsque je suis devenue maman, j'avais déjà cet amour pour la cuisine (et bien heureusement pour moi), mais je ne me doutais pas que faire à manger pour soi, en couple ou entre amis, était totalement différent de faire à manger à des enfants et AVEC des enfants (surtout quand l'un d'entre eux a des allergies, des intolérances...).

Revenons au début. Lorsque j'ai accouché de Liam j'étais seule du lundi au vendredi car Ludo était militaire. Il rentrait seulement le week-end et parfois il était absent plusieurs semaines. À l'époque, je bossais à l'hôpital, j'avais des horaires complètement décalés, je commençais parfois à six heures du matin et terminais vers vingt et une heures. Je pouvais être absente les week-ends, les jours fériés. Il a donc fallu que je m'organise pour cuisiner... Mais comment cuisiner quand on a un tout petit bébé et que l'on est parfois épuisée par le travail, en manque de sommeil ?... Puis, quelques années plus tard, est arrivée Neela... c'était tout autre chose ! J'avais pris des habitudes avec Liam (je vous en parle dans la partie suivante, « Cuisine maman et bébé ») que je pensais pouvoir mettre en place avec Neela, sauf que tout fut différent. Neela est née et, après une semaine seulement, dès son premier biberon, je me suis rendu compte que quelque chose n'allait pas. Nous avons changé de lait plus de douze fois ! Laits infantiles (de toutes marques), laits hydrolysats (les molécules de protéines de lait de vache [PLV] sont « cassées »), lait épaissi, lait de chèvre et j'en passe. Cela a duré plusieurs semaines. Après de nombreuses hospitalisations, des prises de sang... nous avons découvert que Neela était allergique aux protéines de lait de vache et au lactose ! Elle ne devait prendre que du *lait* de riz (spécial enfant) ainsi que d'autres traitements pour ces problèmes de santé. J'ajoute que nous avons dû éliminer tous les produits corporels (gel douche, shampooing), certains traitements où pouvaient se trouver des protéines de lait de vache ou du lactose. Les médecins m'avaient dit que ça pouvait passer au moment de l'introduction de l'alimentation (ÉCHEC POUR NOUS), à 1 an (ÉCHEC À

NOUVEAU), à 3 ans (TOUJOURS ÉCHEC). Bref, Neela a aujourd'hui presque 5 ans et est toujours allergique. Nous devrons faire des tests à 6 ans, puis à l'adolescence, en attendant, j'ai dû changer toutes les habitudes que j'avais mises en place avec Liam pour m'adapter à Neela. Je vais t'expliquer dans les chapitres qui suivent comment tu peux cuisiner avec un bébé, un enfant (avec ou sans allergies).

I. Cuisine maman et bébé

Enfant, j'étais toujours dans la cuisine avec Manet, mes grands-mères, ma maman. Est-ce pour cette raison que j'adore la cuisine? Peut-être bien! Lorsque je suis devenue maman, Liam était un petit garçon très calme mais qui avait besoin de moi. De mon côté, j'avais besoin de temps pour cuisiner mais je ne voulais pas le laisser dans son parc tout seul.

Dès son plus jeune âge, je mettais Liam à côté de moi dans son transat ou bien assis sur sa chaise haute. Quand il put s'asseoir, je le fis participer à sa manière. Il sentait les épices, il touchait les légumes, les fruits, les ustensiles de cuisine. Je peux te dire que c'était rigolo! Combien de fois a-t-il pris un oignon, un citron, à pleine bouche... Je me souviens encore des grimaces qu'il faisait. Je cuisinais, et en même temps nous faisions des activités « découverte » – comme j'aimais bien les appeler.

Vers l'âge de 1 an, en grandissant et à force de participer avec moi, Liam voulut lui aussi faire comme sa maman. Je lui préparais le même matériel que moi et il reproduisait. ATTENTION À TA CUISINE, à ton sol, à tes habits, car le jeu préféré à cet âge-là c'est de tout jeter par terre. C'est tellement rigolo de voir maman ramasser ! Malgré tout, Liam commençait à faire la différence entre la farine, le sucre, etc. Je lui demandais « il est où le sucre ? » et il trempait son petit doigt dans le bocal, goûtait et me montrait où se trouvait le sucre.

Parfois, j'avais l'impression de prendre beaucoup plus de temps car il fallait que je le surveille comme du lait sur le feu, mais je ne me doutais pas de ce que cela allait développer chez lui dans un futur proche.

Les mois passent, les années aussi, et Neela rejoint notre famille. J'ai voulu faire comme pour Liam sauf que c'était impossible, j'avais peur pour tout et tout le temps lorsque nous étions dans la cuisine toutes les deux, car la première chose que fait un bébé c'est de mettre à la bouche, de vouloir toucher ! J'ai donc attendu que Neela grandisse pour pouvoir partager ces moments avec elle. J'étais déçue de moi et triste pour elle que l'on ne puisse passer ces moments toutes les deux en cuisine, car j'avais énormément de souvenirs avec Liam et je me demandais si j'allais pouvoir en construire avec elle.

Puis, les années se succédant, mes bébés sont devenus des enfants. Liam, qui a bien grandi, comprend que nous devons faire attention à ce que sa sœur mange, et Neela commence à « comprendre » qu'elle ne peut pas tout mettre à la bouche, car sinon « ça fait bobo » ! Une nouvelle étape commençait pour nous trois.

II. Cuisine maman et enfants

Ma tête est remplie de souvenirs, de mimiques qu'ils pouvaient faire lors de nos moments, mais en grandissant ce fut encore mieux car les petits participaient. Pour Neela, ce fut plus simple parce qu'avec le temps elle sut qu'elle ne pouvait pas tout mettre à la bouche, qu'elle ne pouvait pas toucher à tout ce qu'elle voulait sans me demander. De mon côté, j'appris à cuisiner sans PLV ni lactose. Vint le moment de cuisiner à trois, et comme tu peux t'en douter les premières disputes sont arrivées : « Il a mis plus de sucre que moi… », « elle a plus tourné la pâte que moi… », il a donc fallu que je trouve une solution pour que tout le monde soit content. Au début, je cuisinais un seul et même plat mais en faisant attention à Neela (qui participait à sa façon, même si le plat ne lui était pas adapté) et, pendant ce temps, je cuisinais son plat à elle. Au bout de quelques mois j'ai lâché prise, j'ai laissé Neela en autonomie comme je pouvais le faire pour Liam et nous avons trouvé un équilibre ensemble. Et là, tu vas te dire : « Oui, c'est bien beau, mais si aucun de nos enfants n'est allergique on fait comment ? » C'est très simple, il m'arrive de cuisiner des desserts où il n'y a aucun risque pour Neela, c'est donc là qu'intervient SUPERMAMAN pour « éviter » les disputes. Je t'explique comment faire : si tu souhaites cuisiner avec ton enfant, n'hésite pas à préparer les ingrédients par avance (tu pèses tout, tu mets dans des ramequins, s'il y a deux œufs tu en laisses un à chacun pour les casser, cela évite de nombreuses disputes car chacun en a le même nombre). Tu dois partager au maximum pour qu'ils puissent faire autant de choses. Quand l'un de tes enfants grandit et commence à comprendre les chiffres, les mesures, etc., je te conseille de lui laisser faire l'étape de préparation.

III. Les bienfaits de cuisiner avec ses enfants

Je ne suis pas une pédopsychologue, une pédiatre ou une animatrice, mais simplement une maman qui transmet son expérience et son ressenti avec deux enfants complètement différents du fait de leur caractère, de leurs émotions face à certaines situations.

Cuisiner avec ton enfant va lui permettre de s'ouvrir à TON UNIVERS aussi (oui, car même si tu n'aimes pas la cuisine tu la fais, car il faut pouvoir nourrir cette petite famille et ça fait partie de toi, pourquoi ne pas le faire avec eux ?). Ton enfant va faire « comme maman » !

Il va découvrir la famille des fruits, les légumes, les épices, les différentes viandes, les différents poissons. Oui, parce que les courgettes ne poussent pas en rondelles, et les nuggets de poulet ne sont pas panés directement… Tu sens le vécu ? ☺ Effectivement, quand Liam était petit, il pensait que les courgettes poussaient en rondelles sur les arbres et Neela pensait que les œufs étaient les bébés poussins que l'on enlevait à leur maman et qu'ils ne pouvaient plus grandir. C'est mignon et rigolo à la fois ! Mais le fait de cuisiner avec eux me permettait de répondre à leurs questions et de leur apprendre de nouvelles choses : les couleurs, les goûts (acide, sucré, amer…). Cuisiner avec maman permet également de développer leur vocabulaire (mixer, hacher, battre…). Tu l'auras compris, en plus de partager de supermoments ensemble, de se créer des souvenirs, tu leur fais découvrir ton humeur, et tu leur apprends de nouvelles choses.

En revanche, je dois t'avouer quelque chose ! Ce n'est pas toujours facile, ta cuisine va être sens dessus dessous, ta pâte à crêpes risque d'avoir de nombreux grumeaux, ton sol, tu ne le verras sûrement plus à cause de tout ce qui sera tombé par terre, et parfois tu risques de rater quelques cuissons ; mais est-ce que ça a valu le coup ?! Oui, totalement ! Au début je stressais, ça m'énervait, mais avec le temps j'ai compris comment partager ce moment de bonheur avec eux. Sais-tu ce que j'aime le plus ? Quand le plat est au four, que leur papa rentre d'une longue journée de travail et qu'ils disent : « Papa, papa, j'ai cuisiné avec maman ! » « Papa, c'est moi qui ai fait ça tout seul ! » « Papa c'est bon ? Tu aimes ? » Ou bien quand Liam me dit : « Maman, quand je serai grand je cuisinerai grâce à toi et je pourrai te faire plein de plats quand tu seras vieille (par contre, c'est Neela qui te changera les couches) », ou bien quand Neela me rappelle comment me servir d'un couteau sans me couper (oui, j'aime la cuisine mais j'ai parfois eu quelques accidents dans la précipitation... mon doigt et la paume de ma main peuvent en témoigner) : « Maman, quand on coupe on met les doigts comme ça et on fait attention, maintenant tu as le bobo. »

Est-ce que j'aurais eu ces souvenirs si je n'avais pas partagé ces moments avec eux ? Je ne crois pas ! Est-ce que j'aurais eu moi-même des souvenirs avec Manet, mes grands-mères, ma maman, si elles n'avaient pas fait ça avec moi ? Je ne crois pas ! Serais-tu en train de lire ce livre sans que tout ça ait été fait dans mon enfance ? Je ne crois pas ! Car l'amour, le partage, les souvenirs font beaucoup quand nous devenons des adultes, c'est à nous de faire au mieux (même si c'est loin d'être facile tous les jours) pour transmettre ces petits moments avec nos enfants, neveux, nièces, petits-enfants.

Après ces moments passés avec nos petites têtes, il est temps de déguster les bons petits plats...

MES RECETTES

Maintenant qu'on a abordé la question de l'organisation en cuisine, on va pouvoir passer aux choses sérieuses ! Dans cette partie, je suis très heureuse de te partager toutes mes recettes salées, qui sont essentiellement des recettes que j'ai apprises de mes arrière-grand-mère, grand-mère et mère ! De vraies recettes de famille, quoi ! Tu vas y trouver les recettes du dimanche et des grands occasions (page 35), les recettes du quotidien (page 71), les plaisirs express (page 95) et des recettes bonus : des plats sans PLV ni lactose (page 137), les sauces basiques (page 147) et mes trois vinaigrettes indispensables (page 153). À force d'apprendre à cuisiner quand j'étais petite avec ma famille, et de cuisiner encore et encore pour Ludo et les enfants, j'ai ajusté chaque ingrédient et j'ai adapté chaque recette selon les goûts de ma famille. N'hésite pas à faire la même chose de ton côté ! Toutes ces recettes sont simples et elles ne demandent qu'à devenir les tiennes et celles de ta famille. L'idée, c'est de s'amuser et que tout le monde se régale ! Bon appétit !

N.B. : Les recettes du dimanche et des grandes occasions sont pensées pour **6 personnes**. Toutes les autres le sont pour **4 personnes**, mais ce sont des portions généreuses, donc tu pourrais avoir des restes ! Page 25, tu trouveras toutes les informations pour bien les conserver.

PARTIE I

CUISINE DU DIMANCHE ET DES GRANDES OCCASIONS

Le dimanche, c'est le jour de la famille par excellence ! Quel bonheur d'accueillir des grandes tablées et de cuisiner pour les régaler ! C'est la même chose pour les grandes occasions, comme les anniversaires. Dans cette partie, tu vas trouver des recettes pour les jours où tu as le temps de te mettre en cuisine, de vraies recettes de fêtes, pour marquer le coup ! Mais, ne t'inquiète pas, ce sont des recettes qui restent faciles, ce sont simplement des plats qui se partagent facilement et qu'on peut faire en belle quantité.

COQUILLES SAINT-JACQUES DE MANET

C'est une recette antigaspi qu'il est possible de faire en version sans PLV ni lactose (en prenant des *crèmes* végétales type amande, avoine, riz).

Je ne t'indique pas de quantités exactes pour cette recette, cela dépendra des restes que tu as à disposition.

INGRÉDIENTS

- Restes de blancs de poulet/poulet rôti
- 1 boîte de champignons
- Quelques morceaux de beurre
- 50 cl env. de crème fraîche épaisse
- 1 à 2 c. à s. de farine
- Chapelure

ACCOMPAGNEMENT

- Poêlée de légumes ou du riz

Astuce

Pour éviter le gaspillage ou des déchets supplémentaires, ne jette pas les coquilles et réutilise-les après les avoir nettoyées. Tu peux également faire cette version avec des restes de poisson type colin.

PRÉPARATION

Effiloche les restes du poulet et coupe-les en petits morceaux, retires-en la peau si c'était un poulet rôti, puis réserve les morceaux. Tu peux aussi les mixer grossièrement si tu le souhaites.

Fais fondre dans une casserole quelques morceaux de beurre à feu doux puis ajoute la farine. Une fois le beurre fondu, mélange le tout au fouet, ajoute la crème fraîche puis mélange de nouveau. Tu auras alors une sorte de béchamel.

Une fois la préparation de crème prête, ajoute les champignons que tu auras égouttés et nettoyés juste avant. Mélange le tout.

Ajoute ensuite les morceaux de poulet à la préparation de crème avec les champignons. Tu dois obtenir une consistance assez compacte, mais pas trop non plus (attention, il te faut un juste milieu).

Préchauffe ton four à 200 °C à chaleur tournante.

Mets les coquilles Saint-Jacques sur la plaque de cuisson. Tu peux utiliser des moules en aluminium ou le coquillage lui-même (je garde toujours les coquilles des Saint-Jacques quand j'en mange !).

Garnis généreusement tes coquilles puis saupoudre le tout de chapelure et ajoute un tout petit morceau de beurre.

Enfourne à 200 °C pendant environ 35 minutes. Le dessus de tes coquilles doit être doré et croustillant. Si ce n'est pas le cas, prolonge la cuisson.

RATATOUILLE DE MANET

C'est une recette idéale lorsque tu as des invités.

Tu peux servir cette ratatouille en accompagnement ou bien en salade en entrée avec quelques morceaux de feta.

Il est possible de faire cette recette avec les enfants si tu as des couteaux spécialement adaptés pour eux.

INGRÉDIENTS

- 2 oignons
- 2 gros poivrons rouges
- 1 courgette
- 1 aubergine
- 3 tomates bien mûres
- 2 gousses d'ail ou de l'ail en poudre
- Oignon en poudre
- Huile d'olive
- Sel et poivre

ACCOMPAGNEMENT

- Se marie très bien avec du poisson blanc ou de la viande rouge
- Délicieuse quand elle est mélangée avec du riz

Astuces

Si tu manques de temps, au lieu de cuire les légumes les uns après les autres n'hésite pas à tous les faire cuire tous en même temps. Tu peux manger cette ratatouille aussi bien chaude que froide.

PRÉPARATION

Coupe la courgette en quatre dans le sens de la longueur. Coupe le tout en morceaux.

Enlève les deux extrémités de ton aubergine, puis coupe-la de la même manière que la courgette. Réserve les carrés d'aubergine ainsi formés dans une assiette différente de celle des courgettes.

Coupe les les poivrons en quartiers. Normalement, cela devrait avoir séparé la tête avec les pépins du reste. Découpe ensuite les lamelles en petits morceaux. Mets de côté dans une nouvelle assiette.

Coupe les oignons en petits morceaux.

Retire la peau des tomates avec un couteau. Coupe les grossièrement en morceaux.

Dans une poêle, verse de l'huile d'olive et fais-y cuire les oignons. Ils doivent réduire et être fondants. Puis, retire-les de la poêle et réserve-les. Ne t'inquiète pas si la cuisson n'est pas tout à fait terminée, il y aura d'autres étapes.

Verse de nouveau de l'huile d'olive dans la poêle et mets-y tes poivrons rouges que tu vas faire revenir très rapidement. Ils doivent être à la fois croquants et fondants. Puis, retire-les de la poêle.

Passe aux aubergines : fais-les cuire à la poêle dans un peu d'huile. Elles vont changer de couleur et devenir un peu molles, retire-les du feu.

Enchaîne avec les courgettes. Remets de l'huile d'olive dans la poêle et fais-les revenir rapidement. Une fois qu'elles sont cuites, réserve-les.

Tous tes légumes doivent être cuits sauf les tomates. Prends un wok, verse de l'huile d'olive à l'intérieur et mets-y les oignons cuits, les poivrons, la courgette, l'aubergine, mélange le tout... Ajoute ensuite tes morceaux de tomates coupés grossièrement, puis l'ail, l'oignon en poudre, le sel et le poivre.

Mélange le tout, à feu moyen pendant environ 10 minutes en ajoutant un filet d'huile d'olive.

Normalement, tu ne vois plus les tomates, elles ont complètement fondu et se sont bien incorporées au reste de la préparation. Prolonge la cuisson jusqu'à ce que le tout soit bien réduit.

ROSBIF DE MAMOU

Cette recette est de ma grand-mère paternelle. Même si je ne mange plus de viande, quand elle cuisine ce rosbif, je raffole du jus. Je n'ai pas sa recette exacte mais je suis arrivée à la reproduire autant que possible.

INGRÉDIENTS

- 1 rosbif pour 6 personnes
- 8 à 10 échalotes
- 1 oignon
- Huile d'olive
- Eau
- Ail et oignon en poudre
- 1 à 4 c. à s. de fond de veau (selon tes goûts)

ACCOMPAGNEMENT

- Des pommes de terre grenailles (recette p. 90)
- De la salade avec une bonne vinaigrette
- Une bonne purée qui se marie très bien avec le jus des échalotes (recette p. 140)

Astuce

Personnellement, j'ajoute un peu plus de fond de veau car celui-ci donne plus de goût.

PRÉPARATION

Avant de cuire le rosbif, il va falloir préparer la sauce.

Épluche l'oignon et les échalotes. Découpe-les ensuite en rondelles puis mets-les dans un plat allant au four. C'est le plat dans lequel tu vas mettre le rosbif.

Verse dans un saladier 10 cl d'huile et autant d'eau puis le fond de veau. Mélange le tout pour éviter qu'il y ait des grumeaux.

Ajoute cette préparation dans ton plat. L'oignon et l'échalote doivent être entièrement recouverts.

Enfourne à 190 °C pendant environ 20 minutes. Pendant la cuisson, n'hésite pas à surveiller et à mélanger de temps en temps pour éviter que ça brûle. Selon ton four, tu vas devoir adapter le temps de cuisson. Le but c'est que la sauce épaississe et que les échalotes et l'oignon soient fondants. Une fois que la sauce est prête, réserve-la.

Prépare le rosbif : dépose-le dans le plat qui contient la préparaton, ajoute un peu de beurre au-dessus, puis mets au four à 180 °C pendant 35 à 40 minutes.

Le rosbif doit être bien saignant.

AÏOLI DE MA MAMAN

Cette recette est faite et écrite par ma maman.

Nous la faisons très souvent car tout le monde l'aime dans ma famille, les petits comme les grands. Ici les quantités seront indiquées pour 4 personnes.

INGRÉDIENTS

- 8 carottes moyennes
- 4 grosses pommes de terre ou 8 petites
- 1 chou-fleur
- 8 œufs
- 2 œufs pour l'aïoli
- 400 g de haricots verts
- 400 g de morue dessalée ou du cabillaud
- 500 g de moules ou de bulots
- 15 cl d'huile d'olive
- 15 cl d'huile de tournesol
- Sel et poivre

Ingrédients pour l'aïoli :

- 1 jaune d'œuf
- pèle et dégerme 2 gousses d'ail, 3 si tu souhaites un aïoli plus fort

USTENSILES

- 1 pilon à bois de préférence
- À défaut, un cul-de-poule

Astuce

L'aïoli ne se conserve que 24 heures au frais, mais si tu as un Be Save, tu peux le conserver beaucoup plus longtemps.

PRÉPARATION

Coupe les gousses d'ail dégermées en deux, pile-les en pommade dans un mortier.

Ajoute le jaune d'œuf et remue avec le pilon.

Ajoute un filet d'huile d'olive, toujours en remuant avec le pilon. Dès que l'aïoli fait un petit bruit similaire à un clapotis, ajoute un filet d'huile d'olive tout en remuant, puis un filet d'huile de tournesol et ainsi de suite jusqu'à ce qu'il n'y ait plus d'huile. Sale et poivre.

ACCOMPAGNEMENT

Fais bouillir séparément dans de l'eau salée les légumes, les œufs, les moules et le poisson avant de commencer l'aïoli.

SOUPE AU PISTOU DE MANET

Cette soupe est parfaite pour les beaux jours, c'est une recette typiquement provençale. Manet n'était pas la seule à préparer cette recette que faisait aussi ma mémé Dany. Quand je vous dis que c'est une histoire de famille !

Cette recette est réalisable sans PLV ni lactose en ne mettant pas de parmesan dans le pesto, dont tu peux retrouver la recette et des variantes p. 148.

INGRÉDIENTS

- 2 carottes
- 1 courgette
- 100 à 125 g env. de haricots verts
- 120 à 180 g env. de haricots coco plats
- 1 ou 2 tomates
- 1 oignon
- 3 pommes de terre
- 3 à 4 poignées de petites pâtes genre coquillettes
- Huile d'olive

Ingrédients pour le pesto :

- 1 plant entier de basilic
- 1 ou 2 gousses d'ail
- Quelques pignons
- Parmesan
- Huile d'olive

ACCOMPAGNEMENT

- Pas besoin d'accompagnement, tu as ici un plat complet que tu peux servir à toute la famille !

Astuce

Si tu n'as pas le temps ou les ingrédients pour faire le pesto (ou si tu es allergique aux PLV/lactose), tu as la possibilité de l'acheter en grande surface. Il en existe même des versions véganes.

PRÉPARATION

Coupe les carottes en morceaux. Fais de même pour les pommes de terre et l'oignon.

Retire la queue des haricots verts et coupe-les en deux.

Sors les haricots coco de leur coque.

Verse de l'huile d'olive dans une grande marmite, puis les légumes coupés et les tomates entières. Remplis d'eau jusqu'à recouvrir les légumes. Mets à feu fort pendant au moins 35 minutes.

Pendant ce temps, prépare ton pesto.

Mets dans un mixeur toutes les feuilles de basilic. Fais la même chose avec l'ail épluché. Ajoute le parmesan, une poignée de pignons et l'huile d'olive, de manière à ce qu'elle baigne à peu près un quart des feuilles de basilic. Pour la quantité de parmesan, fais selon tes goûts. Mixe ensuite le tout afin d'obtenir une sauce assez épaisse.

Prolonge la cuisson à feu moyen de tes légumes pendant 20 minutes. Ajoute le pesto une fois les légumes cuits et les tomates totalement molles et dispersées dans la sauce. Puis fais cuire les petites pâtes.

Sers la soupe bien chaude.

CHOU FARCI

Difficile de faire manger du chou à tes enfants ou à monsieur ? Cette recette va leur plaire, je suis arrivée à faire manger du chou à Ludo et aux petits grâce à elle.

Version possible sans PLV ni lactose.

INGRÉDIENTS

- 1 chou vert
- 600 g de viande hachée
- 1 œuf
- 1 pointe de crème semi-épaisse
- Ail et oignon en poudre
- Sel et poivre
- Quelques morceaux de beurre

ACCOMPAGNEMENT

- Tu peux servir ce plat avec du riz
- Il est possible d'accompagner les feuilles de chou farci d'une sauce à la crème ou d'une sauce tomate épicée

Astuces

Tu peux ajouter du riz à cette recette, si tu le souhaites, en le mettant directement dans la farce. Mélange le tout.

Si tu souhaites varier le contenu de certains choux, il est possible de remplacer le bœuf par de la viande de porc hachée ou de la viande de veau hachée.

PRÉPARATION

Commence par faire blanchir les feuilles de chou dans de l'eau bouillante. Il va te suffire de retirer chaque feuille au fur et à mesure. Petit conseil : ne prends pas les feuilles trop vertes, elles sont longues à cuire et sont beaucoup trop dures par la suite, ni les feuilles qui sont au cœur du chou, elles risquent de casser lors du montage car elles sont trop fines. Idéalement, prends celles du milieu.

Pendant que les feuilles de chou blanchissent, prépare ta farce.

Dans un saladier, dépose la viande hachée, l'œuf, l'ail et les oignons en poudre, la pointe de crème, et mélange le tout. Réserve.

Revenons aux feuilles de chou, elles sont maintenant molles. Prends le temps de les égoutter. Si elles rendent encore trop d'eau n'hésite pas à prendre un essuie-tout et à tapoter dessus pour éviter qu'elles ne soient trop mouillées.

Pour le montage, prends une feuille de chou, mets-la à plat. Dépose la farce au milieu. En fonction des feuilles, fais varier la quantité de la farce. Une fois que tu as mis la farce au milieu, tu vas oublier les deux côtés les plus courts des feuilles, prendre le haut de la feuille de chou et la rabattre sur la farce, puis rouler le tout. Cela ressemble à des nems mais en beaucoup plus gros.

Renouvelle cette étape pour toutes tes feuilles de chou jusqu'à ce que tu n'aies plus de préparation de viande.

Fais chauffer dans une poêle quelques morceaux de beurre. Une fois que ceux-ci ont fondu et que ta poêle est bien chaude, pose un premier chou farcie. Tu vas entendre le crépitement de la feuille de chou sur la

matière grasse. N'hésite pas à la retourner de temps en temps et renouvelle cette étape jusqu'à ce que les deux faces soient bien colorées et quasi dorées.

Attention : selon l'épaisseur des feuilles, il peut arriver que certaines soient plus longues à cuire que d'autres.

Ta feuille de chou doit être croustillante et molle à la fois et la farce bien cuite.

FARCI DE LÉGUMES DE MANET

C'est un plat que je mangeais très souvent chez Manet le mercredi. J'adore le préparer. Il est complet et varié avec une bonne dose de légumes. Cependant, c'est une recette qui prend du temps à faire.

Recette possible sans PLV ni lactose (avec du *lait* végétal, du pain de mie adapté...).

INGRÉDIENTS POUR 4 PERSONNES

- 2 ou 3 pommes de terre
- 4 gros champignons de Paris frais
- 4 courgettes rondes
- 4 tomates à farcir
- 80 g de chair à saucisse
- 80 g de chair de légumes
- 500 g de viande hachée fraîche
- Chapelure
- Lait
- Quelques morceaux de beurre
- 1 tranche de pain de mie
- 2 œufs
- Huile d'olive
- Ail et oignon, de préférence frais, sinon en poudre
- Sel et poivre

Astuce

Je t'ai proposé ces légumes car c'est ce que Manet faisait le plus souvent, mais il arrive – notamment dans le sud de la France – de rencontrer d'autres versions de cette recette avec d'autres légumes, comme le poivron, l'oignon... tu peux tester si tu le souhaites.

PRÉPARATION

Préchauffe le four à 200 °C à chaleur tournante.

Nettoie les tomates, les pommes de terre, les courgettes. Épluche les pommes de terre. Fais bouillir de l'eau, mets-y les pommes de terre et laisse-les cuire quelques minutes. Une fois qu'elles sont cuites, retire-les et rince-les à l'eau froide quelques secondes puis réserve-les.

Coupe le chapeau des courgettes, que tu vas garder. Creuse l'intérieur des courgettes, réserve la chair, et dépose les courgettes évidées dans un plat allant au four.

Coupe le chapeau des tomates et mets-le de côté, évide les tomates, réserve la chair, et mets-les dans le plat allant au four.

Coupe les pommes de terre en deux dans la longueur, puis à la cuillère récupère une partie de la chair que tu vas mettre dans l'assiette où se trouve celle des tomates et des courgettes. Mets les pommes de terre dans le plat allant au four.

Pour les champignons de Paris frais, tu vas devoir retirer la fine couche qu'il y a sur les chapeaux. Retire aussi le pied (jette-le), puis gratte l'intérieur de ton champignon que tu vas mettre dans l'assiette où il y a toutes les chairs de légumes. Mets les champignons dans le plat allant au four.

Tous les légumes sont prêts. Il est temps de préparer la farce.

Mets dans un saladier la moitié de la viande hachée, de la chair à saucisses et de la chair de légumes, puis mélange le tout à la main et enfin mets de côté.

Mets la seconde moitié de la chair des légumes dans un mixeur, mixe-la. Ajoute la moitié de la préparation de viande que tu as faite juste avant.

Dans un bol, mets la tranche de pain de mie réduite en petits morceaux et ajoute du lait (juste assez pour faire une bouillie).

Une fois que tu as mélangé la préparation de viande et la chair de légumes, ajoute les œufs, la préparation de pain de mie/lait, un petit peu de chapelure, sel et poivre, puis mélange de nouveau.

Ajoute l'ail et l'oignon. Mélange le tout.

Tu as maintenant ta farce. Prends une cuillère et farcis tous les légumes.

Puis verse un filet d'huile sur chacun des légumes. Ensuite, tu vas faire une petite préparation pour éviter que les légumes accrochent au plat.

Mélange 10 cl d'eau et 5 cl d'huile et verse le tout dans ton plat où il y a les légumes (ce mélange ne doit pas toucher la préparation de viande).

Saupoudre les légumes de chapelure, mets une noisette de beurre sur chacun. N'oublie pas de remettre les chapeaux des courgettes et des tomates dans le plat allant au four sans couvrir les légumes.

Enfourne le tout à 200 °C à chaleur tournante pendant au minimum 30 minutes.

Au bout de 30 minutes, le dessus doit être doré, les légumes doivent être fondants.

Une fois la cuisson terminée, rends aux courgettes et aux tomates leurs petits chapeaux.

GRATIN DE POMMES DE TERRE DE MAMOU

Personne n'arrive à refaire le gratin de Mamou. Il fait partie des plats incontournables qu'elle nous préparait lorsque nous étions petits. C'est pour cela que je le partage avec toi ici. J'ai décidé de revisiter un peu sa recette parce qu'en la suivant je n'arrive jamais à la refaire à l'identique.

Recette possible sans PLV ni lactose (avec de la *crème* végétale ou du *lait* végétal).

INGRÉDIENTS POUR 4 PERSONNES

- 8 grosses pommes de terre spécial gratin
- 2 grosses c. à s. de beurre
- 1 c. à s. de farine
- 50 cl de crème fraîche épaisse
- Noix de muscade (facultatif)
- Sel et poivre

ACCOMPAGNEMENT

- Salade, viande rouge, saucisse de Strasbourg

Astuce

Si tu souhaites précuire les pommes de terre, il te suffit de les tremper dans de l'eau bouillante pendant quelques minutes. Cela réduit le temps de cuisson au four.

PRÉPARATION

Commence par laver les pommes de terre. Épluche-les et coupe-les en fines rondelles. Attention, il ne faut pas qu'elles soient trop épaisses, sinon c'est moins bon et elles mettent plus de temps à cuire.

Préchauffe ton four à 200 °C à chaleur tournante.

Prends un plat allant au four et disposes-y les pommes de terre. Pour une meilleure puissance, je te conseille de ne pas les disposer en vrac mais de les superposer en les décalant. Mets le plat de côté.

Dans une casserole, fais chauffer le beurre à feu doux. Une fois le beurre fondu, ajoute la farine, mélange le tout (c'est la préparation de ton roux). Ajoute la crème fraîche épaisse. Puis mélange jusqu'à obtenir une préparation bien onctueuse. Ajoute le sel, le poivre et la noix de muscade que tu auras préalablement râpée.

Une fois ta préparation faite, verse-la dans le plat où se trouvent tes pommes de terre. Elle doit quasiment recouvrir les pommes de terre.

Enfourne pendant environ 45 minutes.

Au bout de 45 minutes, pique le gratin avec un couteau. Les pommes de terre doivent être fondantes, si ce n'est pas le cas prolonge la cuisson.

HACHIS PARMENTIER

Voici un plat complet que tu vas pouvoir servir lors de tes repas de famille. Il est possible de remplacer le lait ou la crème par des alternatives végétales.

INGRÉDIENTS

- 600 g de viande hachée
- 8 grosses pommes de terre
- Quelques morceaux de beurre mou
- Lait ou crème semi-épaisse
- 1 gousse d'ail
- 1 oignon
- Chapelure
- Sel et poivre

ACCOMPAGNEMENT

- Une petite salade

Astuce

Si tu n'as pas le temps de faire la purée toi-même, tu peux très bien en prendre une vendue toute prête en grande surface. N'oublie pas la partie avec la chapelure.

PRÉPARATION

Préchauffe le four à 200 °C à chaleur tournante.

Fais bouillir de l'eau. Pendant ce temps, lave et épluche les pommes de terre et coupe-les en quatre. Puis plonge-les dans l'eau.

Coupe l'oignon en petits morceaux, mets-les dans une poêle avec un peu d'huile, fais revenir tes oignons, puis la gousse d'ail pressée. Ajoute ensuite la viande hachée, puis le sel et le poivre. Laisse mijoter à petit feu.

Pendant que la viande cuit, prends les pommes de terre qui doivent être cuites. Mets-les dans un saladier et écrase-les avec un presse-purée. Incorpore quelques morceaux de beurre puis mélange. Ensuite, ajoute le lait ou la crème tout en continuant de mélanger. Renouvelle les étapes, beurre et lait. La consistance de la purée ne doit pas être trop liquide. Une fois que ta préparation est prête, réserve-la.

Prends un plat qui va au four. Mets-y la préparation de viande que tu vas bien étaler (n'hésite pas à mettre le jus de la préparation pour éviter qu'elle soit trop sèche), dispose par-dessus la purée. Étale le tout. Avec une fourchette, trace des traits sur ta purée, saupoudre le plat de chapelure. Ajoute quelques morceaux de beurre au-dessus.

Enfourne à 200 °C à chaleur tournante pendant 35 à 45 minutes. Le dessus du plat doit être doré (si ce n'est pas le cas, prolonge la cuisson).

TIAN DE LÉGUMES DE MANET ET MÉMÉ DANY

C'est un plat rapide à faire et qui va plaire à toute la famille.

Ce plat était aussi concocté par Manet, donc j'ai décidé de mélanger sa recette avec celle de mémé Dany.

INGRÉDIENTS

- 1 oignon
- 1 aubergine
- 2 tomates
- 2 courgettes vertes
- 2 courgettes jaunes
- 1 gousse d'ail
- 280 g de concassé de tomates
- Huile d'olive
- Ail et oignon en poudre
- Thym
- Sel et poivre

ACCOMPAGNEMENT

- Idéal avec un poisson blanc, des pommes de terre sautées

Astuces

Pour plus de gourmandise, tu peux ajouter soit des rondelles de légumes, soit des tranches de bacon, soit des tranches de fromage.
Tu peux ajouter d'autres légumes comme des mini-poivrons si tu le souhaites.

PRÉPARATION

Commence par préchauffer le four à 210 °C.

Prépare une poêle avec un filet d'huile d'olive. Épluche l'oignon et coupe-le en fines rondelles. Mets-le dans la poêle et fais-le revenir. Ajoute la gousse d'ail pressée, mélange et ajoute le concassé de tomates. Laisse mijoter à feu moyen le temps de préparer les autres légumes.

Coupe tous les légumes en très fines rondelles (attention, il est important qu'elles soient vraiment fines), puis réserve-les.

Prends un plat allant au four (de préférence rond). Mets dans le fond de ton plat une partie de la préparation de concassé de tomates, oignons (réserve une petite quantité pour la fin de ton montage).

Prends une rondelle d'aubergine, puis de courgette verte, puis de tomate, puis de courgette jaune. Tu dois mettre les rondelles les unes derrière les autres. Renouvelle cette étape jusqu'à ce que tu n'aies plus de légumes. Si tu as un moule rond, tu dois former comme un escargot avec les rondelles dans ton plat.

Si tu as un plat rectangulaire, reproduis la même étape en mettant les rondelles de légumes les unes après les autres mais dans le sens de la longueur.

Une fois que tu as disposé tous les légumes dans ton plat, prends un pinceau et badigeonne les légumes avec la préparation de tomates concassées, arrose le tout avec de l'huile d'olive, saupoudre d'ail et d'oignon en poudre (facultatif), puis d'un peu de thym, de sel et de poivre.

Enfourne de 25 à 30 minutes environ en fonction de ton four.

PETITS POIS AU PETIT SALÉ DE MANET

Mon frère et moi n'aimions pas le petit salé lorsque nous étions enfants (je ne l'aime toujours pas). Malgré tout, il a sa place ici car mes enfants l'adorent !

INGRÉDIENTS

- 400 g de petits pois frais
- 80 à 100 g de petit salé fumé
- Bouillon de légumes
- Une noisette de beurre
- 1 oignon (ou quelques oignons grelots)
- 1 c. à c. d'ail en poudre
- Sel et poivre
- Une pointe de concentré de tomates

ACCOMPAGNEMENT

- Tu peux faire une purée avec de la viande, c'est un accompagnement idéal pour ton plat de petits pois

Astuces

Si tu n'as pas le temps d'acheter des petits pois frais, n'hésite pas à prendre des petits pois en boîte. Attention, réduis alors la cuisson pour éviter qu'ils ne deviennent trop mous.
Pour le petit salé, si tu n'en trouves pas tu peux le remplacer par des lardons.

PRÉPARATION

Commence par retirer les petits pois de leur cosse, fais-les tremper dans de l'eau. Pendant ce temps, fais bouillir de l'eau dans une casserole où tu vas ajouter les petits pois, et fais-les cuire environ 10 minutes (plus ou moins selon la grosseur des petits pois).

Coupe le petit salé (idéalement acheté en boucherie) en petits morceaux afin de former comme des petits lardons.

Dans un grand faitout, mets une noisette de beurre et mets l'oignon (ou les oignons grelots) coupé en petits morceaux. Fais-les revenir puis ajoute le petit salé. Laisse mijoter.

Retire les petits pois du feu, égoutte-les et passe-les sous l'eau froide quelques minutes (idéalement, mets-les dans un saladier avec de l'eau froide et des glaçons, c'est ce qu'il y a de mieux).

Une fois tes petits pois refroidis, égoutte-les et mets-les dans le faitout où il y a le petit salé et les oignons et rajoute l'ail en poudre. Mélange le tout, ajoute ensuite un fond de verre avec de l'eau et mélange à l'intérieur le concentré de tomate (environ 1 c. à c.) puis le cube de bouillon de légumes. Verse le tout dans le plat où se trouvent les petits pois.

Sale, poivre et laisse mijoter pendant 10 minutes à feu doux.

MOULES À LA MARSEILLAISE

**On connaît les moules marinières, les moules au roquefort, à la crème…
Les petits et moi sommes des adeptes des moules. Je voulais créer une recette qui change et c'est comme ça que m'est venue l'idée de la recette de moules à la marseillaise.**

INGRÉDIENTS

- 2 kg de moules
- 1 boîte de tomates pelées
- 1 boîte de tomates concassées
- 1 verre de vin blanc
- 1 oignon
- Huile d'olive
- Ail en poudre
- Herbes de Provence

ACCOMPAGNEMENT

- Avec des frites maison et une petite salade verte

Astuces

Fais toujours attention de bien nettoyer les moules afin d'éviter d'être malade. Si certaines moules sont fermées après la cuisson, évite de les manger.

PRÉPARATION

Nettoie les moules et retire la « barbe », puis réserve-les.

Dans une grande casserole, coupe l'oignon en lamelles puis fais-le revenir dans de l'huile d'olive Les lamelles d'oignon doivent être dorées, une fois qu'elles le sont, déglace le tout avec un verre de vin blanc.

Ajoute ensuite les tomates pelées et concassées, l'ail en poudre, un peu d'huile d'olive, et les herbes de Provence, puis laisse mijoter 10 minutes à feu très doux.

Retire la préparation de la casserole et réserve-la. Dans la même cocotte, ajoute les moules puis fais-les cuire (les moules sont cuites lorsqu'elles sont ouvertes).

Une fois les moules cuites, verse la préparation de tomates et laisse cuire à feu très doux en remuant de temps en temps pour que la sauce entre dans toutes les moules.

ALOUETTES MAISON

Ce plat est parfait si tu as des invités. Il y a différentes variantes à cette recette selon tes envies.

INGRÉDIENTS POUR 4 PERSONNES

- 8 pièces de gîte de noix (viande de bœuf), demande à ton boucher de faire des tranches fines
- 2 boîtes de tomates concassées
- 1 boîte de sauce tomate liquide
- 2 ou 3 c. à s. de concentré de tomates
- 1 ou 2 morceaux de sucre
- Huile d'olive
- Beurre
- Origan, ail et oignon en poudre (pour la sauce)
- 4 gousses d'ail
- Quelques branches de persil frisé frais
- 100 g env. de lardon fumé
- Tomates sèches (facultatif)
- Sel et poivre
- Ficelle alimentaire

ACCOMPAGNEMENT

- Cette recette est excellente avec des tortiglioni, rigatoni... bref, de grosses pâtes largement percées, mais les spaghettis sont très bien aussi !
- Une fois tes pâtes cuites et ton assiette montée, n'hésite pas à mettre une bonne quantité de parmesan

PRÉPARATION

Commence par prendre 4 gousses d'ail, enlève le germe, puis presse-les avec un presse-ail dans un saladier, ajoute ensuite le persil frisé frais (entre 4 à 8 branches). Hache le tout et mets de côté.

Pose les tranches de gîte de noix à plat. Au milieu de chaque tranche, mets quelques lardons fumés et la préparation d'ail au persil. Rabats un côté jusqu'à recouvrir la préparation puis les deux autres côtés et tu enroules ensuite. Prends la ficelle alimentaire et, avec celle-ci, attache une première partie en faisant le tour, puis croise la ficelle pour faire de même avec l'autre côté. Pour finir, fais un nœud et mets de côté. Renouvelle cette étape pour toutes les tranches jusqu'à ne plus avoir de préparation.

Dans une marmite, fais fondre 3 noisettes de beurre à petit feu et dépose les alouettes. Fais cuire les différentes faces de tes alouettes.

Lorsqu'elles sont toutes cuites, verse la sauce tomate, puis le concassé de tomates, ajoute les morceaux de sucre, l'origan, l'ail et l'oignon en poudre (dose selon tes goûts), ajoute les tomates sèches (facultatif). Mélange le tout.

Après avoir mélangé, ajoute plusieurs filets d'huile d'olive (soit généreuse), reprends ensuite la conserve dans laquelle se trouvaient les tomates concassées, remplis-la d'eau et verse-la dans la sauce. Procède ainsi deux fois de suite et ajoute le concentré de tomates. Pour finir, sale et poivre.

Laisse mijoter à feu moyen pendant 1h20 min au minimum ! Plus tu laisses mijoter, mieux c'est ! Cette recette est meilleure le lendemain.

Astuces

Si tu aimes le fromage, il est possible de prendre de petits morceaux de mozzarella que tu vas pouvoir incorporer aux lardons fumés et à ta préparation d'ail et de persil frisé.
Si tu ne manges pas de porc, tu peux prendre des lardons de dinde ou de poulet fumés.

BOULETTES DE RIZ À LA SAUCE TOMATE

Je vous présente ici une recette antigaspi.

À la place du fromage La vache qui rit et de la mozzarella, tu peux utiliser des fromages végétaux.

INGRÉDIENTS

- Un reste de riz pilaf (voir « riz pilaf » page 83)
- 3 ou 4 œufs
- Chapelure
- 2 boîtes de tomates concassées
- Origan, sel, poivre, oignon et ail en poudre
- Vache qui rit
- Boule de mozzarella (facultatif)
- 1 morceau de sucre
- Huile d'olive

ACCOMPAGNEMENT

- Il est possible de faire cette recette avec de la viande, personnellement, je trouve qu'elle est vraiment copieuse et n'a pas besoin d'un accompagnement

Astuces

Tu peux mettre les fromages que tu souhaites à l'intérieur du moment qu'ils sont bien fondants (mozzarella, fromage à tartiflette...).
Si ton riz ne colle pas, n'hésite pas à le mélanger avec un petit peu de beurre frais. Normalement, en suivant correctement la recette du riz pilaf (voir page 83), il n'y a pas de raison que ton riz ne colle pas !

PRÉPARATION

Mets 3 ou 4 œufs battus dans une assiette. Dispose de la chapelure dans une autre assiette.

Prends le reste de ton riz pilaf. Cela risque de coller un petit peu, ce n'est pas grave. Prends une poignée de riz que tu vas aplatir au centre de ta main. Pose dessus un morceau de fromage La vache qui rit et un morceau de mozzarella, puis recouvre le tout d'une autre quantité de riz et ensuite referme la main pour former une boulette, serre bien de façon à ce qu'elle ne casse pas pendant la cuisson. Ça prend quelques minutes pour perfectionner la boulette. Renouvelle cette étape jusqu'à ce que tu n'aies plus du tout de riz.

Une fois que tu as fait toutes les boulettes, trempe-les dans l'œuf (pas trop longtemps) pour éviter qu'elles se cassent puis généreusement dans la chapelure.

Fais chauffer de l'huile et plonges-y délicatement les boulettes pour les faire frire. Elles ne doivent pas se casser, si tu les as bien serrées, et elles doivent être bien dorées grâce à la chapelure.

Une fois que toutes les boulettes de riz sont cuites réserve-les, prends ensuite une cocotte et mets-y le concassé de tomates, l'ail et l'oignon en poudre ainsi que l'origan, le sel, le poivre, sans oublier l'huile d'olive et fais mijoter pendant 15 à 20 minutes (voire plus si besoin) et ajoute un morceau de sucre.

Une fois que ta sauce est prête, baisse le feu et ajoute les boulettes que tu avais mises de côté.

Laisse cuire quelques minutes, puis, à l'aide de deux grosses cuillères en bois, retourne délicatement les boulettes pour qu'elles soient bien imprégnées de sauce.

CRUMBLE DE DOS DE CABILLAUD

Si tes enfants ont du mal à manger du poisson, sache que cette recette fait souvent fureur grâce à sa texture.

INGRÉDIENTS

- 1 filet de dos de cabillaud pris chez le poissonnier
- Tomates cerises
- Sel, poivre, oignon et ail, persil séché
- 40 g de farine
- 40 g de beurre
- 40 g de chapelure
- 40 g de parmesan
- 1 oignon
- Huile d'olive

ACCOMPAGNEMENT

- C'est une recette idéale avec du blé précuit, une salade verte, ou bien du riz

Astuce

Cette recette est réalisable en version sans PLV ni lactose ! Il suffit de retirer le parmesan, et de remplacer le beurre par du *beurre* végétal.

PRÉPARATION

Préchauffe le four à 210 °C. Pendant ce temps, mélange la farine, le beurre mou, la chapelure et 20 g de parmesan. Mélange le tout grossièrement pour avoir une texture de sablé puis mets de côté.

Épluche l'oignon et coupe-le en petits morceaux.

Dans un plat allant au four, mets le poisson et tout autour dispose les tomates cerises ainsi que les morceaux d'oignon. Ajoute un filet d'huile d'olive. Saupoudre ton poisson d'ail, d'oignon et de persil.

Mets au four pendant 5 minutes à 210 °C.

Une fois le poisson sorti du four, étale le crumble par-dessus. Attention, il faut une grosse épaisseur pour qu'il y ait un maximum de croustillant.

Mets au four pendant environ 10 minutes en mode gril jusqu'à ce que le crumble soit bien doré. Si ce n'est pas le cas, prolonge la cuisson ; si ton gril est puissant, raccourcit la cuisson

PALOURDES AIL ET PERSIL

Ce plat peut servir d'accompagnement ou bien en apéro.
À la maison, Liam et Neela l'adorent, ils me le demandent tout le temps !

INGRÉDIENTS

- 200 g de palourdes
- 2 ou 3 gousses d'ail
- Persil frisé
- Huile d'olive
- 1 citron

ACCOMPAGNEMENT

- Si tu souhaites les servir en tant que plat, je te conseille un risotto à côté ou des tagliatelles

Astuce

Si des palourdes ne se sont pas ouvertes, ne les mange pas !

PRÉPARATION

Prends les gousses d'ail, retire le germe et passe-les au presse-ail. Mets-les dans un plat, puis prends quelques branches de persil frisé (environ 6 ou 8 branches) auxquelles tu vas retirer les feuilles, puis mets-les dans le plat avec l'ail pressé. Mixe le tout.

Puis verse de l'huile d'olive dans une casserole. Fais revenir ta préparation quelques minutes.

Après avoir fait revenir ta préparation, retire le tout et réserve.

Mets les palourdes dans la casserole et fais chauffer à feu fort. Laisse-les cuire tant qu'elles ne sont pas toutes ouvertes entièrement. Si elles ont rendu beaucoup d'eau, n'hésite pas à les égoutter et à les remettre ensuite dans la casserole.

Une fois qu'elles sont ouvertes, ajoute la préparation ail, persil et huile d'olive, et mélange le tout à feu moyen.

Après avoir tout mélangé, mets les palourdes dans un plat, prends ensuite le citron, coupe-le en quartiers et dispose-le dessus.

PARTIE II

LES RECETTES DU QUOTIDIEN

Qui ne s'est jamais dit en soupirant : « Mais qu'est-ce que je vais encore faire à manger ce soir ? » La cuisine du quotidien, tu le sais, c'est la plus compliquée ! On a moins de temps, moins de patience, on a envie que ça aille vite, tout en régalant tout le monde ! Et, le problème du quotidien, c'est qu'il revient tous les jours ! Parfois, on manque simplement d'inspiration... Il est important aussi que ce soient des plats équilibrés, on ne peut pas manger des pâtes et du riz tous les jours ! Ici, tu vas donc trouver des recettes validées par la petite fille que j'étais et validées par mes enfants !

RIZ AU CHORIZO

Tu en as marre du riz blanc, du riz cantonais ? Cette version est parfaite et convient à toute la famille.

Il est possible de faire cette recette sans PLV ni lactose en achetant le chorizo adapté.

INGRÉDIENTS

- 1 oignon
- 4 c. à c. de paprika fort ou doux
- 1 c. à c. de piment doux (facultatif)
- 1 chorizo entier doux ou fort selon tes envies
- Riz pour 6 personnes
- 1 c. à c. de safran (ou, à défaut, du spigol)
- Huile d'olive

ACCOMPAGNEMENT

- Je trouve que c'est un plat qui est complet mais, si tu le souhaites, tu peux faire une petite entrée avec une tortilla, pourquoi pas ?

Astuces

Le choix du riz est important pour éviter que la cuisson ne prenne trop de temps. Je te conseille de prendre un riz long pour une cuisson rapide. Pour les épices j'ai mis le dosage minimum, mais si tu aimes que ça soit plus pimenté, n'hésite pas à ajouter du piment et du paprika.

PRÉPARATION

Mets généreusement de l'huile d'olive dans une casserole ou un wok et fais chauffer à feu doux.

Pendant ce temps, coupe l'oignon en tout petits morceaux après l'avoir épluché puis coupe le chorizo en rondelles.

Mets l'oignon dans la casserole après que l'huile d'olive a chauffé. Fais-le revenir jusqu'à ce qu'il réduise. Ajoute ensuite les rondelles de chorizo que tu vas faire revenir de la même façon. Pour la cuisson du chorizo, à toi de voir selon tes goûts. Tu peux le faire cuire plus longtemps pour qu'il soit dur ou réduire le temps de cuisson pour qu'il soit mou.

Une fois que tu as bien fait revenir le tout, mets le riz jusqu'à ce qu'il éclaircisse. Une fois que celui-ci a éclairci, recouvre la totalité de ton riz avec de l'eau. Ajoute ensuite le paprika, le piment, le safran ou le spigol.

Laisse cuire à feu fort jusqu'à l'évaporation totale de l'eau. Renouvelle l'étape précédente où tu dois ajouter de l'eau tant que ton riz n'est pas cuit (cela peut durer plusieurs minutes en fonction du grain de riz que tu vas prendre).

N'hésite pas à goûter après chaque évaporation de l'eau pour voir si ton riz est bien cuit. Si ce n'est pas le cas, prolonge les étapes précédentes.

CORDONS BLEUS MAISON

Les cordons bleus sont excellents, mais les cordons bleus maison sont encore meilleurs pour les petits et les grands !

INGRÉDIENTS

- 6 tranches de blancs de poulet bien épaisses (que j'ai demandé au boucher de couper en deux)
- 6 tranches de jambon
- Œufs
- Chapelure
- Farine
- 12 Toastinettes type « croque-monsieur » + 6 parts de fromage La vache qui rit

ACCOMPAGNEMENT

- Recette idéale avec des fagots de haricots verts

Astuces

Si tu as des allergies au PLV + lactose, tu peux remplacer le fromage par du faux fromage.
Tu peux faire cette recette avec de la dinde à la place du poulet.
Si tu ne manges pas de jambon, tu peux le remplacer par de la dinde ou du poulet.

PRÉPARATION

Pose une tranche de poulet sur un papier de cuisson que tu vas recouvrir d'une autre feuille de papier de cuisson. Utilise un objet lourd (idéalement un marteau à viande) afin d'affiner la tranche de poulet.

Enlève la feuille de cuisson. Dépose une tranche de Toastinette puis une tranche de jambon, et à nouveau une tranche de Toastinette puis le fromage avec une vache qui rigole... Attention, tu ne dois disposer le jambon et le fromage que sur la moitié du blanc de poulet.

Rabats la tranche de poulet non garnie. Recouvre d'une feuille de cuisson et tape doucement. Mets de côté et renouvelle les étapes pour chaque tranche de poulet.

Mets la farine dans une assiette, les œufs battus dans une autre et la chapelure dans une troisième.

Trempe le cordon bleu dans la farine puis dans l'assiette avec les œufs battus et pour finir dans la chapelure. Attention, il faut que le cordon bleu ne s'ouvre pas et soit bien garni de toute la préparation à la chapelure.

Mets du beurre dans une poêle et fais cuire à feu fort les deux faces du cordon bleu. Il faut qu'elles soient croustillantes. Puis baisse le feu et laisse cuire à feu doux pour que la cuisson soit homogène et que le fromage fonde. Renouvelle cette étape pour tous les cordons bleus.

CHILI CON CARNE À MA FAÇON

C'est une recette idéale que tu peux faire quotidiennement ou lorsque tu souhaites faire une soirée mexicaine avec des fajitas.

Elle convient à toute la famille.

INGRÉDIENTS

- 600 g de viande hachée
- 800 g de tomates concassées
- 1 boîte de maïs
- 1 boîte de haricots rouges
- 1 oignon
- Sel et poivre
- Épices (paprika doux et épices mexicaines)

ACCOMPAGNEMENT

- Tu peux l'accompagner avec du riz ou bien des tortillas

Astuce

Si tu as décidé de faire ton chili avec des tortillas, n'hésite pas à garnir tes tortillas de sauce cheddar puis à les mettre au four.

PRÉPARATION

Épluche et coupe l'oignon en fines lamelles puis fais-le revenir dans un peu d'huile.

Ensuite, mets la viande hachée et laisse-la cuire.

Dès que la viande est bien cuite avec les oignons, ajoute les tomates concassées puis le maïs et les haricots rouges. Mélange le tout.

Ajoute ensuite les épices. À toi de voir la quantité selon tes goûts. Ajoute ensuite le sel et le poivre.

Laisse mijoter au moins 35 minutes.

Une fois que le chili est juteux, il est prêt.

GRATIN DE THON DE MA MARRAINE

C'est une recette que ma marraine me faisait parfois mais que je n'aimais pas du tout. Avec le temps, j'ai appris à l'aimer et je l'ai modifiée. Aujourd'hui, mes enfants l'adorent et il m'arrive souvent de la faire. C'est une recette très rapide.

INGRÉDIENTS

- 2 grosses boîtes de thon nature
- Chapelure
- Sel et poivre
- Quelques morceaux de beurre
- Farine
- De la crème semi-épaisse, idéalement 2 briques de 20 cl

ACCOMPAGNEMENT

- Salade, riz, pomme de terre vapeur

Astuce

N'hésite pas à ajouter des petits oignons que tu auras fait revenir.

PRÉPARATION

Préchauffe le four à 190 °C à chaleur tournante.

Ouvre les boîtes, égoutte le thon et mets-le de côté. Si le thon n'est pas émietté, n'hésite pas à l'écraser avec une fourchette.

Mets ton beurre dans une casserole, idéalement 2 cuillères à soupe que tu vas faire chauffer à feu moyen. Une fois le beurre fondu, ajoute 2 cuillères à soupe de farine. Mélange le tout. Ajoute la crème semi-épaisse et mélange à nouveau. Attends que le tout épaississe. Cela fait comme une sorte de béchamel, mais en un peu plus liquide. Ajoute le sel et le poivre.

Ajoute le thon que tu avais réservé. Mélange le tout dans la poêle qui est toujours à feu doux.

Une fois que le tout est mélangé, mets la préparation dans un plat qui va au four puis saupoudre généreusement de chapelure. Ajoute quelques petits morceaux de beurre au-dessus et enfourne à 190 °C à chaleur tournante pendant environ 20 minutes.

Au bout de 20 minutes, vérifie ta cuisson. La chapelure doit avoir doré – si ce n'est pas le cas, prolonge un petit peu.

SPAGHETTIS SAUCE BASILIC

Si tu as du monde à la maison et que tu dois cuisiner à la dernière minute, c'est la recette à faire. Tout le monde l'adore à la maison !

Cette recette est réalisable en version 100 % végane si tu ne suis pas les étapes « parmesan » et « fromage ».

INGRÉDIENTS

- 1 plant entier de basilic frais
- 2 boîtes de tomates concassées
- Fromage râpé
- 50 g de parmesan
- Ail et oignon en poudre
- 1 morceau de sucre
- Huile d'olive
- Spaghettis

ACCOMPAGNEMENT

- J'accompagne souvent cette recette avec une planche de charcuterie italienne à côté

Astuce

N'hésite pas à faire la sauce la veille. Elle est meilleure le lendemain car les arômes se sont mélangés.

PRÉPARATION

Mets dans un blender toutes les feuilles de basilic de la botte, les tomates concassées, 1 ou 2 poignées de fromage râpé, le parmesan râpé, ail et oignon en poudre (une bonne portion généreuse) et l'huile d'olive (n'aie pas la main trop légère), le morceau de sucre.

Mixe le tout au blender. Si je te dis que ta sauce est prête, tu me crois ?!

Tu as la possibilité de la mettre au frais ou tu peux la faire chauffer si tu le souhaites dans une casserole. Personnellement, je ne la fais pas chauffer.

Ta sauce étant prête, fais bouillir de l'eau et fais cuire les pâtes selon les indications de la marque que tu as choisie.

Égoutte les pâtes une fois qu'elles sont cuites, et présente-les dans une assiette. Parsème de sauce.

Ajoute ensuite une bonne dose de parmesan avant de déguster.

POULET À LA CRÈME DE MA MAMAN

Depuis toujours, ma maman travaille beaucoup, mais ce n'est pas pour autant que lorsque nous étions petits mon frère et moi elle ne prenait pas le temps de cuisiner. Elle arrivait à faire de bons petits plats.

Recette réalisable en version sans PLV ni lactose (avec de la *crème* végétale).

INGRÉDIENTS

- 4 blancs de poulet (si possible aiguillettes)
- Crème fraîche semi-épaisse 2 briques de 20 cl
- 2 ou 3 c. à s. de moutarde (plus si besoin, selon tes goûts)
- Sel et poivre
- Beurre

ACCOMPAGNEMENT

- Avec du riz, une poêlée de légumes

Astuces

Tu peux ajouter des champignons de Paris si tu le souhaites.
Tu peux mettre de la moutarde ancienne en grains (le goût sera plus fort).

PRÉPARATION

Coupe les morceaux de poulet en lamelles pour faire des aiguillettes (sauf si tu en as déjà acheté auparavant). Réserve-les.

Mets du beurre dans une poêle, et laisse-le fondre. Fais revenir les morceaux de poulet.

Une fois que les morceaux de poulet sont revenus, ajoute la crème semi-épaisse et la moutarde, puis mélange le tout. Ajoute le sel et le poivre. Mélange de nouveau.

Laisse mijoter environ 10 à 15 minutes à feu fort, puis baisse à feu doux et laisse de nouveau mijoter jusqu'à ce que la crème épaississe.

RIZ PILAF

J'adore cette recette gourmande qui change du riz blanc.

INGRÉDIENTS

- 550 g env. de riz cru
- 1 grosse poignée de cheveux d'ange
- Beurre
- 3 cubes de bouillon soit au poulet, soit au bœuf

ACCOMPAGNEMENT

- Avec une viande blanche

Astuce

Précédemment, je t'ai donné la recette des boulettes de riz à la sauce tomate (voir page 64), s'il te reste du riz n'hésite pas à l'utiliser afin d'éviter le gaspillage.

PRÉPARATION

Dans une casserole, mets une grosse quantité de beurre que tu vas faire fondre. Une fois qu'il est fondu, ajoute des cheveux d'ange – une grosse poignée bien généreuse – ou bien, si tu souhaites être plus précise, ajoute un verre d'eau puis laisse dorer les cheveux d'ange tout en mélangeant.

Une fois les cheveux d'ange dorés, verse le riz et remue jusqu'à ce qu'il soit translucide.

Pendant ce temps, prépare un bouillon. Dilue les cubes de bouillon dans environ 1 l d'eau chaude.

Verse ensuite petit à petit le bouillon dans la casserole où il y a le riz et les cheveux d'ange. Une fois que tu as versé tout ton bouillon, il devrait normalement recouvrir la totalité de ton riz. Laisse mijoter à feu moyen. N'hésite pas à tourner de temps en temps pour éviter que le riz colle. Attends l'absorption totale de l'eau, normalement ton riz pilaf est prêt. Si le riz est encore dur, n'hésite pas à rajouter de l'eau et à renouveler l'étape précédente jusqu'à ce que celui-ci soit bien cuit et qu'il n'y ait plus d'eau.

VELOUTÉ DE CHAMPIGNONS BRUNS

C'est une recette que j'aime bien faire l'hiver ou à l'automne mais il m'arrive quelquefois de la faire pendant les beaux jours parce que nous pouvons trouver des champignons bruns en toutes saisons.

Il est possible de faire cette recette sans protéines de lait de vache et sans lactose.

INGRÉDIENTS

- 500 g à 1 kg de champignons bruns
- 2 ou 3 champignons de Paris frais pour la déco
- 1 ou 2 cubes de bouillon de volaille
- 2 ou 3 c. à s. de fond de veau en poudre
- Quelques c. à s. de crème fraîche semi-épaisse
- 1 oignon
- Beurre

ACCOMPAGNEMENT

- Tu peux l'accompagner d'un œuf à la coque avec des mouillettes

PRÉPARATION

Enlève la petite couche qui se trouve au-dessus des chapeaux des champignons bruns. Pour la retirer, il te suffit de la tirer lentement. Puis mets de côté.

Épluche et émince un oignon en tout petits morceaux.

Fais revenir dans une casserole l'oignon avec un peu de beurre.

Une fois que l'oignon est bien doré, ajoute les champignons bruns. Fais-les revenir quelques minutes.

Ajoute ensuite de l'eau aux champignons, recouvre-les à peine puis ajoute tes cubes de bouillon et ton fond de veau.

Laisse mijoter entre 25 à 35 minutes à feu moyen.

Une fois que le tout a mijoté, mets des champignons et une petite quantité d'eau dans ton blender et mixe le tout.

Attention, ta préparation doit être veloutée et pas trop liquide. C'est pour cette raison que tu ajoutes de l'eau au fur et à mesure dans ton blender mais pas tout d'un coup. Il va sûrement te rester de l'eau que tu peux garder et mettre de côté pour t'en servir comme bouillon pour une autre recette.

Une fois que les champignons sont passés au blender, que le tout est mixé, que ta préparation est veloutée, mets-la dans une soupière ou dans un plat de présentation.

Ajoute ensuite la crème, environ 2 ou 3 cuillères à soupe que tu vas répartir au-dessus.

Épluche et coupe en lamelles les champignons de Paris frais puis dispose-les sur le velouté en décoration.

PÂTÉ AU THON

Cette recette est la préférée de Ludo dans sa version avec la crème, mais je me devais de trouver une autre option pour Neela et ses allergies, j'ai donc décidé de la faire avec de la sauce tomate.

INGRÉDIENTS

- 900 g de thon en boîte
- 800 g de sauce tomate
- 1 botte de persil
- Huile d'olive
- 1 morceau de sucre
- Sel et poivre

ACCOMPAGNEMENT

- Si tu souhaites ajouter des fibres, fais une petite salade à côté, ou une salade de fruits pour le dessert

Astuce

Si tu souhaites faire cette recette avec de la crème, il suffit d'échanger la quantité de sauce tomate par de la crème semi-épaisse. La recette gagnera en onctuosité.

PRÉPARATION

Mets dans une cocotte ou bien une grande casserole un filet d'huile d'olive avec la sauce tomate, le sel, le poivre, une poignée de persil que tu auras préalablement ciselée (si tu as du persil séché, c'est encore mieux) et ton morceau de sucre (celui-ci va permettre d'enlever l'acidité).

Laisse mijoter au minimum 20 minutes à feu doux.

Au bout de 20 minutes, ajoute le thon que tu auras émietté et laisse de nouveau mijoter environ 15 minutes au minimum.

CROISSANTS AU FROMAGE

Cette recette est très rapide et plaît à toute la famille.

Je ne vais pas mettre de quantités exactes dans cette recette, tout simplement parce que je la fais à l'œil selon la grosseur des croissants.

INGRÉDIENTS

- 8 croissants
- Env. 3 c. à s. de farine
- 3 c. à s. de beurre
- Env. 50 cl de crème fraîche épaisse
- Fromage râpé
- 8 tranches de jambon

ACCOMPAGNEMENT

- Avec une salade verte ou une salade de mâche maison

Astuces

Tu peux faire cette recette avec du saumon à la place du jambon, ou avec du jambon de poulet ou de dinde.
À la place du fromage râpé tout simple, tu peux utiliser du râpé de mozzarella si tu le souhaites.

PRÉPARATION

Fais fondre dans une casserole 3 grosses cuillères à soupe bien bombées de beurre. Une fois le beurre fondu, ajoute la farine. En mélangeant le beurre et la farine, tu vas avoir un roux. Verse ensuite la crème fraîche épaisse. Ajoute-la progressivement au fur et à mesure afin d'avoir une béchamel assez compacte (attention, elle ne doit pas être trop liquide). Tourne sans t'arrêter pour bien mélanger la préparation. Mets à feu doux et mélange de temps en temps pour éviter que la béchamel ne soit trop compacte.

Pendant ce temps, préchauffe ton four à 180 °C ou 190 °C à chaleur tournante.

Coupe les tranches de jambon en deux.

Prends ensuite les croissants. Ouvre-les en deux mais pas complètement. Mets de la béchamel à l'intérieur, des deux côtés de façon généreuse, puis dispose deux tranches de jambon et, en facultatif une poignée de fromage râpé. Referme ton croissant et mets-le dans un plat allant au four.

Renouvelle cette étape pour tous les croissants.

Une fois que tu as fait l'étape précédente, prends le reste de la béchamel et verses-en sur chaque croissant. Ajoute du fromage râpé.

Mets au four environ 10 minutes, le temps que le fromage fonde.

FEUILLETÉ DE JAMBON

C'est une recette qui plaira à toute la famille. Tu peux aussi la faire lorsque tu as des invités. Il est possible de la faire en version sans PLV ni lactose.

INGRÉDIENTS

- 1 pâte feuilletée
- 4 tranches de jambon
- 4 tranches de Toastinette (spécial croque-monsieur)
- 4 tranches d'emmental (type Leerdammer)
- 2 c.à s. de beurre
- 2 c. à s. de farine
- 4 ou 5 c. à s. de crème fraîche épaisse
- 1 ou 2 jaunes d'œuf

ACCOMPAGNEMENT

- Il est possible de servir cette recette avec des pâtes et à côté une petite sauce aux échalotes, par exemple, mais aussi avec des légumes ou une salade verte

Astuce

Tu peux faire cette recette en remplaçant le fromage, la crème, par des dérivés comme du faux fromage ou de la *crème* végétale... Il est possible de faire cette recette avec autre chose que du jambon, par exemple un pavé de saumon, du jambon de dinde ou de poulet.

PRÉPARATION

Préchauffe le four à 190 °C.

Commence par préparer les ingrédients pour éviter de perdre du temps. Coupe les tranches de jambon en deux. Réserve-les.

Mets le beurre dans une casserole, lorsque celui-ci est fondu, verse la farine puis fais un roux en mélangeant. Une fois le mélange fait, ajoute la crème, continue la cuisson à feu doux et mélange sans cesse jusqu'à obtenir une béchamel crémeuse. Mets ensuite à petit feu le temps de préparer le reste. N'oublie pas de mélanger de temps en temps.

Prends la pâte feuilletée ronde, coupe des bandes du bord vers le milieu. Attention, tu dois laisser un rectangle au milieu (la garniture va se trouver ici).

Une fois que tu as coupé les bandes de façon égale de chaque côté, dépose au milieu quelques tranches d'emmental, puis quelques tranches de jambon, ensuite ta béchamel, et pour finir les Toastinettes. Reproduis cette étape une nouvelle fois (voire trois fois) tant qu'il te reste des ingrédients.

Vient le moment du montage. Rabats les lamelles aux extrémités (haut et bas) qui forment ton rectangle. Une fois rabattues, pars du haut de la pâte et tresse. Prends une lamelle d'un côté, puis mets l'autre et tu fais ça pour toutes les lamelles. Place-les en diagonale.

N'oublie pas de bien serrer la tresse, elle ne doit pas avoir de trous pour éviter que ta préparation ne sorte lors de la cuisson.

Utilise ensuite 1 ou 2 jaunes d'œuf pour badigeonner la tresse.

Mets au four environ 20 minutes au minimum, la pâte doit être dorée et croustillante.

POMMES DE TERRE GRENAILLES SAUCE BLANCHE

Les pommes de terre c'est la vie à la maison, je peux les cuisiner de différentes façons tout au long de la semaine. Je vous en donne une recette parmi beaucoup d'autres.

INGRÉDIENTS

- 24 pommes de terre grenailles
- Huile de friture
- Ail des ours (sec de préférence)
- Sel
- Crème fraîche semi-épaisse (20 cl env.) ou épaisse de préférence
- Ail et oignon séchés
- 1 gousse d'ail
- Ciboulette sèche ou fraîche
- 1 c. à c. de jus de citron (facultatif)

ACCOMPAGNEMENT

- Avec de la viande, du poisson façon *fish and chips*, une poêlée de légumes

Astuce

Il faut savoir que ma recette change toujours d'une fois à l'autre car je la fais selon les envies de chacun… C'est pour cette raison que tu peux décliner les pommes de terre grenailles de plein de façons différentes. Grâce aux épices et aromates, change selon l'accompagnement que tu vas faire.

PRÉPARATION

Il y a deux versions pour la cuisson des pommes de terre grenailles : dans une poêle, ou au four (en version plus *light*).

Version poêle : je te conseille de couper les pommes de terre grenailles en deux. Pendant ce temps, mets de l'huile de friture dans un wok que tu vas commencer à faire chauffer. Une fois que tes pommes de terre sont coupées, mets-les dans le wok. Laisse-les rissoler.

Version four : mets dans un plat les pommes de terre grenailles avec de l'huile de friture, et 1 c. à s. de beurre. Ajoute si tu le souhaites des épices pour faire comme une marinade. Préchauffe ton four à 190 °C à chaleur tournante. Après une heure à laisser mariner les pommes de terre grenailles, mets-les dans un plat allant au four. Ne les mets pas les unes sur les autres. Parsème-les d'ail des ours. Enfourne à 190 °C à chaleur tournante.

Tu vas préparer la sauce blanche.

Dans un bol, mets la gousse d'ail (retire le germe) et presse-la avec un presse-ail. Ajoute la crème, l'ail et l'oignon séchés ainsi que le jus de citron. Mélange le tout.

Si tu as de la ciboulette sèche, il suffit de l'ajouter à la crème.

Si tu as de la ciboulette fraîche, cisaille-la en tout petits morceaux puis mets-la dans la préparation. Mets au frais le temps de terminer la préparation des pommes de terre.

Revenons à elles.

Version poêle : à mi-cuisson, ajoute généreusement de l'ail des ours, prolonge la cuisson jusqu'à ce qu'elles soient rissolées et fondantes.

Version four : laisse cuire environ 45 minutes en tournant de temps en temps les pommes de terre. À la fin de la cuisson, les pommes de terre doivent être fondantes à l'intérieur et bien dorées et « un peu fripées » à l'extérieur. Si ce n'est pas le cas, prolonge la cuisson.

Une fois les pommes de terre cuites, ajoute le sel puis présente-les avec la crème que tu as préparée juste avant.

CRÊPES FOURRÉES

Ce plat est parfait pour toute la famille, ainsi que pendant vos soirées du vendredi.

Il est possible de la faire en version sans PLV ni lactose (même pour la recette de la pâte à crêpes).

INGRÉDIENTS PÂTE À CRÊPES SANS LAIT

- 3 œufs
- 400 ml d'eau
- 250 g de farine
- 2 c. à s. d'huile de tournesol
- 1 pincée de sel

INGRÉDIENTS GARNITURE

Je te conseille de faire une bonne béchamel maison, mais si tu n'as pas le temps tu peux l'acheter toute prête. Personnellement, j'aime bien faire une béchamel maison avec de la crème (elle est plus onctueuse). Si tu as des allergies, une version sans protéine de lait de vache et sans lactose est possible avec des *crèmes* végétales.

- Quelques tranches de jambon
- Du fromage râpé

ACCOMPAGNEMENT

- Tu peux servir tes crêpes avec une salade verte ou bien une salade de carottes râpées

Astuce

Je t'ai proposé comme garniture du fromage et du jambon, mais tu peux aussi mettre du saumon ou des champignons ou tout simplement une garniture au fromage. Peu importe ce que tu ajouteras, il faut tout de même qu'il y ait de la béchamel.

PRÉPARATION

Fais ta pâte à crêpes en mélangeant les œufs, l'eau, la farine, l'huile de tournesol et ton sel. Laisse reposer la pâte quelques minutes.

Ensuite, graisse un petit peu une poêle pour faire les crêpes. Verse la pâte et fais cuire ta crêpe. Renouvelle cette étape jusqu'à ce que tu n'aies plus de préparation.

Réserve les crêpes.

Pendant que les crêpes refroidissent, prépare ta béchamel.

Une fois que la béchamel est prête, mets les suppléments. Pour moi, c'est le fromage râpé et les morceaux de jambon que j'aurai coupés en tout petits morceaux.

Prends une crêpe, mets-y la garniture de béchamel, le jambon, le fromage, puis ajoute du fromage râpé. Tu vas ensuite rabattre les côtés, puis le haut de ta crêpe, avant de la rouler jusqu'à ce qu'elle soit complètement fermée. Tu vas te retrouver avec une crêpe rectangulaire.

Renouvelle cette étape selon le nombre de crêpes voulu, puis fais chauffer du beurre dans une poêle.

Une fois le beurre fondu, fais dorer les crêpes de chaque côté. Tant que celles-ci ne sont pas dorées, ne les retire pas.

Le dessus de la crêpe sera bien doré et l'intérieur sera extrêmement fondant.

Servir aussitôt.

BOULETTES DE POMMES DE TERRE ET PETITS POIS

C'est un plat complet pour la famille.
Il est possible de faire cette recette avec les enfants.

INGRÉDIENTS

- 1 grosse boîte de petits pois et carottes
- 4 grosses pommes de terre
- 500 g env. de viande hachée
- Épices du Maghreb (tu peux prendre directement les mélanges ou bien prendre des épices séparément comme le cumin)
- Persil séché
- Sel et poivre
- Concentré de tomate
- De l'eau
- Huile d'olive

ACCOMPAGNEMENT

- Il n'y a pas d'accompagnement particulier pour cette recette, elle est complète

Astuce

Tu peux utiliser les épices que tu souhaites. Personnellement, j'ai ramené beaucoup d'épices lors de mon voyage à Marrakech. Tu peux acheter en grande surface des épices du Maghreb où le mélange est déjà tout fait.

PRÉPARATION

Commence par préparer les boulettes de viande hachée. Nous allons les faire de façon très simple, sans les œufs et la panure, comme j'en ai l'habitude. Mets dans un saladier la viande hachée et les épices du Maghreb (à doser selon tes goûts). Mélange bien, puis fais de petites boulettes et réserve-les.

Dans une sauteuse ou un faitout, mets les boulettes avec un peu d'huile et saisis-les très rapidement. Ce n'est pas grave si ce n'est pas cuit complètement à l'intérieur.

Pendant ce temps, lave les pommes de terre, épluche-les, coupe-les en quatre et mets-les de côté.

Quand les boulettes sont cuites, ajoute dans le plat la boîte de petits pois et carottes que tu auras égouttée préalablement, les pommes de terre, une bonne dose de concentré de tomates (env. 1 c. à s.) jusqu'à ne plus voir ni les boulettes ni les légumes, puis ajoute l'huile d'olive et le persil.

Mélange le tout et laisse cuire à feu fort pendant 15 minutes, puis baisse le feu et laisse mijoter environ 10 minutes.

Ton repas est prêt lorsque tu arrives à couper la pomme de terre rien qu'avec ta fourchette : il ne reste quasiment plus d'eau mais un bon fond de jus.

COQUILLETTES JAMBON - FROMAGE (ET INGRÉDIENT SECRET)

Qui n'a pas mangé de ce plat quand il était petit ? J'ai décidé de faire cette recette à ma façon, tout le monde se régale à la maison.

INGRÉDIENTS

- Coquillettes pour 4 personnes environ
- 6 tranches de jambon
- 1 ou 2 jaunes d'œuf
- 25 cl de crème fraîche semi-épaisse
- 4 ou 5 c. à s. de crème fraîche épaisse
- Fromage râpé
- Parmesan
- Huile de truffe (ingrédient secret facultatif)
- Sel et poivre

Astuces

Tu peux faire cette version sans protéines de lait de vache et sans lactose. Il suffit de prendre des produits adaptés comme des *crèmes* végétales et du faux fromage.
Si tu n'aimes pas l'huile de truffe, tu peux trouver de l'huile aux cèpes, de l'huile de noix, des huiles aromatisées que tu peux utiliser à la place. Cela donnera un goût un peu plus sophistiqué.

PRÉPARATION

Mets de l'eau à bouillir dans une casserole et plonges-y les pâtes.

Pendant que les pâtes sont en train de cuire, mets dans un grand plat la crème fraîche semi-épaisse, la crème fraîche épaisse, beaucoup de fromage râpé et de parmesan. Je te conseille de mettre deux jaunes d'œuf, mais je sais, par exemple, que Neela préfère lorsqu'il n'y en a qu'un seul. Mélange ensuite le tout et mets de côté.

Coupe les tranches de jambon en fines lamelles aux ciseaux. Coupe ensuite chaque lamelle en morceaux plus petits encore. Mets le tout dans la préparation de crème et mélange.

Si tu veux donner un peu plus de goût à ta préparation, ajoute quelques filets d'huile de truffe ainsi que le sel et le poivre.

Une fois le tout mélangé et les pâtes cuites, égoutte-les et mets-les directement dans le plat où se trouve la préparation jambon, fromage, huile de truffe. Mélange le tout.

Sers chacune des personnes de la famille, et ajoute généreusement du fromage râpé par-dessus ainsi que du parmesan.

PARTIE III

LES PLAISIRS EXPRESS

Dans cette partie, tu vas trouver des recettes express, vraiment rapides à faire, quand tu n'as pas l'envie ou le temps ou que des invités de dernière minute débarquent. Et aussi des recettes pour quand tu es seule et que tu rentres tard du boulot. Bref, des recettes pour quand tu souhaites profiter des petits ou des invités et que tu ne veux pas passer des heures en cuisine !

LES APÉROS EXPRESS

Dans ma famille, nous adorons recevoir ! Et quoi de mieux qu'un apéro quand on invite ses amis à la maison ? Tu trouveras ici mes recettes incontournables pour un apéro réussi !

FEUILLETÉS MAISON

Tu connais les fameux feuilletés que tu retrouves sur la table de l'apéro, ceux que les gens sortent du congélateur et mettent au four ? Il est possible de les faire toi-même de plein de façons différentes.

Il est possible de faire cette recette avec les enfants. Il est possible d'en faire une version sans protéines de lait de vache et sans lactose si tu trouves une pâte feuilletée sans PLV ni lactose.

INGRÉDIENTS

- 2 pâtes feuilletées
- 1 boîte de pesto vert ou rouge (voir « Sauce pesto », page 148)
- 1 jaune d'œuf
- Graines de sésame, graines de pavot (facultatif)

Astuces

Lorsque tu mets les feuilletés dans ton plat qui va aller au four, n'hésite pas à bien les espacer puisqu'ils vont gonfler pendant la cuisson et qu'ils risquent de se coller les uns aux autres.
J'ai utilisé du pesto pour cette recette, mais tu peux aussi la faire avec de la tapenade ou du fromage râpé.

PRÉPARATION

Préchauffe ton four à 190 °C.

Déroule la pâte feuilleté, dispose par-dessus la préparation de pesto.

Tu vas pouvoir faire différents montages. Premièrement, tu peux mettre la deuxième pâte feuilletée par-dessus si tu le souhaites, et ensuite prendre des emporte-pièces. Forme les feuilletés que tu vas mettre sur la plaque de cuisson qui va aller au four. Attention, avec le manche d'une petite cuillère à café, resserre les bords du feuilleté pour éviter qu'il s'ouvre lors de la cuisson.

Deuxième idée de montage : dépose ta deuxième pâte feuilletée sur la première qui est donc recouverte de pesto. Ensuite, coupe des lamelles tout le long de la pâte. Prends celles-ci les unes après les autres aux extrémités et forme des torsades. Place ensuite les torsades sur la plaque de cuisson.

Lorsque les feuilletés sont prêts, badigeonne-les de jaune d'œuf ; saupoudre si tu le souhaites de petites graines de sésame, de graines de pavot.

Enfourne ensuite les feuilletés pendant environ 20 minutes à chaleur tournante. Les feuilletés doivent avoir gonflé et être bien dorés et croustillants.

CHIPS DE LÉGUMES MAISON

Cette version-là des chips va plaire à tous tes invités et changera des chips industrielles que tu peux retrouver sur ta table d'apéro.

Cette recette est adaptée pour les personnes allergiques aux protéines de lait de vache et au lactose.

INGRÉDIENTS

- 1 très grosse carotte
- 1 betterave fraîche
- 1 pomme de terre
- 1 patate douce
- 1 panais
- Sel

Astuces

Tu peux faire cette recette avec d'autres légumes pour surprendre tes invités (des chips de courgettes, par exemple).
Si tu souhaites donner un peu plus de goût à tes chips, n'hésite pas à faire une préparation d'épices en mélangeant par exemple du paprika, des épices pour barbecue…

PRÉPARATION

Lave les légumes et épluche ensuite la carotte, la pomme de terre, la patate douce, le panais, ainsi que la betterave. Mets les légumes de côté.

Pour faire cette recette, il te faut idéalement une mandoline. Mais si tu n'en as pas et que tu as un robot à la maison, n'hésite pas à regarder si celui-ci a une fonction mandoline ou peut râper en rondelles.

Passe la carotte à la mandoline. Attention, il faut que les rondelles de carottes soient très fines.

Fais de même pour la pomme de terre ainsi que la betterave, le panais, la patate douce. Évite de mélanger des légumes entre eux afin qu'ils ne se colorent pas.

Sors ta friteuse (si tu n'as pas de friteuse, prends une grande poêle) dans laquelle tu vas verser de l'huile de friture. Fais bien attention, c'est dangereux à cause du risque de projections d'huile.

Mets petit à petit quelques rondelles de pomme de terre dans ta friteuse bien chaude. Celles-ci vont réduire. Attends quelques minutes pour qu'elles soient dorées. Dépose-les dans une assiette sur du papier absorbant et renouvelle cette étape pour tous les légumes.

Une fois que tous les légumes sont frits et que tes chips sont prêtes, tu vas pouvoir les mélanger dans un saladier. Parsème-les de sel si tu le souhaites. Attends quelques minutes avant de les servir pour que les chips durcissent à l'air ambiant et qu'elles puissent avoir une texture bien croquante.

TAPENADE EXPRESS

Qui n'aime pas tartiner une bonne tapenade sur quelques croûtons de pain grillé ?

INGRÉDIENTS

- Olives noires dénoyautées (env. 2 boîtes de 200 g)
- Huile d'olive
- 1 gousse d'ail

ACCOMPAGNEMENT

- Tu peux faire des croûtons maison en coupant de petits morceaux de pain que tu vas ensuite mettre dans le four et faire griller

Astuces

Tu peux faire une version avec des olives vertes.
Tu peux te servir de cette recette pour garnir les feuilletés (voir « Feuilletés maison », page 98)
Tu peux ajouter des olives si tu souhaites une plus grosse quantité, il te suffit d'ajouter de l'huile d'olive et une gousse d'ail en proportion.

PRÉPARATION

Commence par égoutter les olives noires et sèche-les avec un papier absorbant, puis réserve-les.

Prends la gousse d'ail (retire le germe), puis mets-la dans ton mixeur.

Ajoute ensuite les olives dans le mixeur avec un filet d'huile d'olive.

Mixe le tout. Si tu souhaites de gros morceaux, mixe rapidement mais je te conseille de mixer plus longtemps pour que ça fasse comme une compote mixée grossièrement. N'hésite pas à ajouter un filet d'huile d'olive.

Mets le tout dans un bol de présentation.

THOÏONADE EXPRESS

Il y a énormément de variantes pour cette recette.
Je la prépare selon ce que je trouve dans le réfrigérateur.

INGRÉDIENTS

- 1 ou 2 boîtes de thon nature
- St Morêt
- Sel et poivre
- 1 échalote (facultatif)
- 1 citron (facultatif)

ACCOMPAGNEMENT

- Comme pour la tapenade (« Tapenade express », page 102), tu peux si tu le souhaites faire des croûtons
- Si tu désires servir cette thoïonade en entrée, il te suffit de garnir une tomate fraîche

Astuce

Il est possible de faire cette recette avec du St Môret ou de la crème fraîche, ou, pour quelque chose de plus *light*, avec du Philadelphia. Si tu souhaites un apport plus important en protéines, tu peux la faire avec du *cottage cheese* (fromage anglais que tu trouveras en grande surface).

PRÉPARATION

Égoutte le thon et émiette-le dans un saladier, puis réserve-le.

Coupe l'échalote en tout petits morceaux (facultatif) et mets-la avec le thon.

Ajoute petit à petit le St Môret (lorsque tu mélanges la préparation, il faut que ça fasse comme des rillettes). Si tu souhaites la thoïonade moins compacte, rajoute du St Môret jusqu'à obtenir la consistance voulue.

Presse un demi-citron et incorpore le jus à l'intérieur, puis le sel et le poivre, et mélange à nouveau.

Présente ta thoïonade dans un bol pour l'apéro.

TARTINADE DE SOUBRESSADE

Lorsque je mangeais de la viande et que j'allais en Espagne, j'adorais la soubressade (c'est un genre de saucisse crue avec beaucoup d'épices).

INGRÉDIENTS

- 200 à 300 g de soubressade fraîche, prise chez le boucher de préférence
- 80 g de coulis de tomates
- 20 g de concentré de tomates
- 150 g de fromage frais à tartiner
- Piment doux en poudre (facultatif)

ACCOMPAGNEMENT

- Des croûtons maison que tu peux retrouver dans la recette « Tapenade express » page 102.

Astuces

Tu peux faire la même chose avec du chorizo si tu le souhaites.
S'il y a des personnes de ta famille qui ont des allergies, tu peux acheter du chorizo sans gluten, sans PLV ni lactose.

PRÉPARATION

Retire la peau de ta soubressade puis coupe-la en petits morceaux que tu vas mettre dans un plat où tu vas pouvoir mixer le tout.

Ajoute ensuite le coulis de tomates, le concentré, le fromage frais et les épices (piment ou autres).

Mixe à nouveau le tout jusqu'à obtenir une tartinade homogène.

ANCHOÏADE

Cette recette d'anchoïade, nous la retrouvons partout sur nos tables d'apéro. À la maison tout le monde aime ça, les petits comme les grands.

INGRÉDIENTS

- 60 anchois en bocal
- 240 ml d'huile d'olive
- 3 gousses d'ail
- Poivre (facultatif)
- 2 c. à s. de vinaigre (facultatif)

ACCOMPAGNEMENT

- Avec de petits morceaux de légumes, comme des bâtonnets de carotte (crue ou cuite à la vapeur), de concombre, du chou-fleur (cru ou à la vapeur)

Astuces

Si tu le souhaites, tu peux ajouter quelques câpres dans ta préparation en les mixant avec tes anchois. Cela donne un petit goût acidulé.

PRÉPARATION

Dessale les anchois en les passant sous l'eau fraîche jusqu'à ce qu'ils soient bien nettoyés et réserve dans un bol. Mixe-les.

Retire les germes des gousses d'ail que tu vas ensuite piler. Petit à petit, ajoute l'huile d'olive tout en battant. Mets du vinaigre si tu le souhaites.

À tes anchois mixés, ajoute la préparation d'ail, d'huile d'olive et de vinaigre.

Présente le tout dans un bol pour l'apéro.

LES SOIRÉES DU VENDREDI

Depuis que je suis devenue maman, nous avons instauré un petit rituel avec les enfants : le vendredi soir, c'est leur soirée ! Chaque vendredi, je leur demande donc s'ils ont une préférence pour leur dîner et souvent ils réclament du *fast food*... Waouh, bonjour le budget et la malbouffe ! Alors, j'ai décidé de faire du *fast food* mais à ma sauce, avec de bons ingrédients, et, bien sûr, de façon rapide et efficace !

CROC VENDO

Il est possible de cuisiner avec les enfants et de faire une version sans PLV ni lactose en prenant un pain et un fromage adaptés.

Les quantités exactes importent peu, tout dépend du nombre de convives et surtout si vous êtes des gourmands ou pas !

INGRÉDIENTS

- Pains à burgers briochés (attention, pas ceux avec les graines de sésames) que tu peux acheter en grande surface et parfois en boulangerie
- Tranches de jambon
- Toastinettes (évite de prendre celles au cheddar car le goût et le rendu ne sont pas les mêmes) : prends celle de la marque La vache qui rit, et pour les petits budgets l'équivalent dans une autre marque

ACCOMPAGNEMENT

- Ton repas du vendredi est prêt, tu peux le servir accompagné d'une petite salade avec vinaigrette maison ou bien des frites maison. Le tour est joué !

Astuces

Tu peux aussi utiliser du saumon, ou du jambon de poulet.
Tu peux faire cette recette lors de soirées entre amis. Je te garantis que tu vas marquer des points auprès des enfants !

PRÉPARATION

Prépare tes pains à burgers en les coupant en deux puis mets-les de côté.

Coupe les tranches de jambon en deux pour éviter qu'elles soient trop grosses. Si tu as le temps, n'hésite pas à utiliser un emporte-pièce rond du diamètre du pain à burgers.

Place au montage : pose la partie bombée des pains sur ton plan de travail (ils sont donc à l'envers, c'est normal, pas de panique), mets une Toastinette, une ou deux tranches de jambon découpées, puis une tranche de Toastinette et termine par la partie basse de ton pain à burgers, puis retourne le tout.

Pour la cuisson, je te propose différentes solutions.

N'hésite pas à te servir d'un gaufrier ou d'une presse à panini, c'est beaucoup plus rapide.

Comme je n'ai pas ce matériel, je prends une poêle, une spatule, du papier de cuisson. Lorsque ta poêle est chaude (sans matière grasse), dépose ton papier de cuisson puis ton *croc vendo* par dessus, puis de nouveau une feuille de papier de cuisson. Avec ta spatule, appuie et tourne de temps en temps pour que la cuisson soit uniforme.

TENDERS CROUSTILLANTS

Faisables avec les enfants, il est également possible de faire une version sans PLV ni lactose en prenant les produits adaptés.

Peu importent les quantités exactes de cette recette, tout dépend du nombre de *tenders* souhaités et de la grosseur que tu voudras avoir. Je te conseille de faire de petites portions pour les enfants pour que ça soit plus simple à manger.

INGRÉDIENTS

- Blanc de poulet type filet (le morceau doit être assez épais)
- Céréales type pétales de maïs
- Œufs
- Farine
- Sel
- Épices type piment, paprika (facultatif)
- Huile de friture

ACCOMPAGNEMENT

- Tu peux accompagner tes *tenders* avec des panisses (c'est un accompagnement que l'on retrouve dans le Sud et qui se vend sur le port de l'Estaque, mais tu peux les acheter en grande surface aussi), de la salade, des frites maison ou une poêlée de légumes

Astuces

Tu peux mettre les épices que tu souhaites selon tes goûts (paprika, piment, herbes de Provence).
N'hésite pas à les servir avec une sauce maison, par exemple la sauce «cheese» (voir page 115).

PRÉPARATION

Commence par couper tes filets en dés, réserve les morceaux dans un saladier.

Dans une assiette creuse, casse les œufs que tu vas battre. Dans une autre assiette, verse de la farine (il est possible d'ajouter des épices). Réserve le tout.

Prends un sac de congélation. À l'intérieur, mets les pétales de maïs avec du sel, et des épices si tu le souhaites. Écrase le tout grossièrement (attention, il faut qu'il y ait et des gros morceaux de pétales de maïs et d'autres plus petits).

C'est parti pour la préparation. Attention, ne fais pas tous les morceaux en même temps, fais-les plutôt par deux ou trois, car tu risques de devoir rajouter des œufs, de la farine ou de la préparation de pétales de maïs selon le nombre de *tenders* que tu as choisi de faire). Trempe tes morceaux de poulets dans la farine, puis dans les œufs battus et glisse-les dans le sac de congélation avec les pétales de maïs. Maintiens par le haut et secoue le tout jusqu'à ce que tous les morceaux soient enrobés de la préparation. Réserve dans une assiette.

Pendant l'étape précédente, n'hésite pas à préparer la cuisson. Voici deux versions.

Version four (pour éviter les matières grasses): préchauffe le four à 190 °C ou à 200 °C (en fonction des fours) à chaleur tournante.

Version friture (celle que je fais tout le temps et qui est validée par les enfants comme la meilleure niveau goût – moins bonne pour les kilos en trop): soit tu fais chauffer l'huile de friture dans une friteuse, soit tu fais chauffer ton huile dans une poêle.

Revenons à notre préparation: une fois que tu as préparé tous les morceaux de poulet et que tu les as mis de côté, tu peux passer à la cuisson.

Cuisson au four: enfourne à 190 °C ou à 200 °C et laisse cuire jusqu'à ce que la panure soit bien dorée et croustillante, n'hésite pas à tourner tes morceaux lorsque le premier côté est bien doré.

Cuisson à la friteuse: plonge tes morceaux les uns après les autres et retire-les une fois qu'ils sont bien dorés.

Cuisson à la poêle: fais cuire chacune des faces jusqu'à ce que le tout soit croustillant.

NACHOS

Recette idéale et rapide en accompagnement ou en apéro.
Il est possible de la faire avec les enfants.

INGRÉDIENTS

- 1 cheddar en morceaux
- 15 à 20 Toastinettes au cheddar
- Crème fraîche semi-épaisse (1 à 2 briques de 20 cl)
- 1 paquet de chips de maïs ou tortillas (tu peux en prendre au goût « épices », par exemple)

ACCOMPAGNEMENT

- Un bon guacamole
- Une sauce salsa en plus
- Voir « Salade mexicaine rapide », page 122

Astuces

Tu peux faire différentes variantes de cette recette ou tout simplement lui ajouter un petit plus pour lui donner du peps. N'hésite pas à couper des tomates en tout petits morceaux, ainsi que des oignons ou bien des olives... que tu vas ajouter par-dessus tes *nachos*. Tu auras en bouche ce côté chaud, croustillant, mais aussi frais grâce aux condiments que tu auras ajoutés.
Tu peux mettre ta préparation de *nachos* au four si tu souhaites que le tout soit bien chaud et croustillant.

PRÉPARATION

Dans une casserole chauffée à feu doux (pour éviter de brûler les fromages), ajoute les Toastinettes une par une, tout en remuant. Ne t'arrête pas pour éviter que ça accroche !

Pendant ce temps, râpe le morceau de cheddar que tu vas mettre de côté.

Une fois le tout râpé, ajoute-le dans la casserole tout en continuant de remuer. Reste toujours sur la même cuisson « feu doux ».

Lorsque le tout commence à bien fondre, ajoute la crème fraîche semi-épaisse et continue de remuer.

Dispose les chips de maïs dans un plat. Lorsque ta préparation de *cheese* est prête, fais couler le tout sur les chips ! Il faut servir tout de suite pour que le fromage soit bien liquide. Si tu préfères qu'il soit un peu plus épais et collant, n'hésite pas à laisser refroidir mais pas trop (car cela peut devenir écœurant).

PATATAS BRAVAS VERSION RAPIDE

C'est une recette rapide pour les petits comme pour les grands. Elle est idéale pour un apéro dînatoire.

Les quantités sont pour 4 personnes. N'hésite pas à ajuster les doses en fonction du nombre de convives.

INGRÉDIENTS

- 8 pommes de terre
- Huile de friture
- 1 oignon
- 4 gousses d'ail
- Paprika
- Piment de cayenne ou d'Espelette ou doux
- 1 morceau de sucre
- 2 c. à c. de fécule de maïs
- 1 c. à c. de vinaigre
- 1 c. à c. de ketchup
- 3 c. à s. de concentré de tomates
- Un peu d'eau
- Sel

ACCOMPAGNEMENT

- N'hésite pas à l'accompagner d'une planche de charcuterie espagnole avec quelques morceaux de fromage ou d'autres tapas

Astuce

Si ta sauce est trop liquide, n'hésite pas à ajouter un peu d'eau avec de la fécule de maïs. Si par contre elle est trop épaisse, coupe avec un peu d'eau.

PRÉPARATION

Épluche les pommes de terre, coupe-les en gros carrés puis réserve-les (pour éviter qu'elles noircissent, n'hésite pas à les mettre dans un grand saladier rempli d'eau).

Dans une casserole, verse un filet d'huile. Pendant que l'huile chauffe, coupe l'oignon finement et émince les gousses d'ail. Puis, mets-les à feu moyen dans l'huile, fais revenir le tout.

Ajoute ensuite les épices, paprika, piment, puis mélange jusqu'à ce que les oignons aient réduit.

Mets le concentré de tomates, le sel, le morceau de sucre, le ketchup, ajoute du piment si besoin puis mélange et laisse mijoter.

Pendant ce temps, mélange un fond de verre d'eau avec la fécule de maïs puis verse le tout dans ta préparation tout en remuant jusqu'à ce que le mélange épaississe.

Fais chauffer l'huile pour les pommes de terre. Une fois celle-ci chaude, commence à faire cuire les cubes de pommes de terre.

Revenons à la préparation, lorsqu'elle a bien mijoté et bien épaissi sors-la du feu et prends soit un robot plongeant, soit un mixeur. Ajoute ton vinaigre puis mixe le tout.

Dépose les pommes de terre cuites dans un plat et recouvre de la sauce. Elle doit être épaisse avec une belle couleur orangée.

CROQUE-MONSIEUR

C'est une recette rapide, qui peut être faite en version apéro, en format mini. Il est possible de la faire avec les enfants et en version sans PLV ni lactose (avec de la *crème* végétale, du faux fromage).

INGRÉDIENTS

- 12 tranches de pain de mie
- 10 tranches de jambon
- 50 cl de crème fraîche semi-épaisse
- Fromage râpé
- 2 c. à s. de farine
- Quelques morceaux de beurre
- Sel et poivre

ACCOMPAGNEMENT

- Une bonne petite salade verte pour l'été ou bien une petit soupe pour l'hiver

Astuces

Tu peux faire cette version avec du saumon ou bien du jambon de dinde.
Pour les plus gourmands, tu peux ajouter un œuf au plat sur le croque.
Si tu souhaites le faire en version apéro, il te suffit de prendre des emporte-pièces et de le faire en format mini.

PRÉPARATION

Mets dans une casserole les morceaux de beurre ainsi que la farine, à feu doux. Lorsque le beurre est fondu, mélange le tout, cela va faire un « roux » (un mélange de beurre et de farine). Une fois le roux fait, ajoute la crème semi-épaisse, du sel, du poivre et mélange le tout jusqu'à obtenir une substance bien crémeuse. Réserve ou laisse à température basse.

Préchauffe le four à 190 °C à chaleur tournante.

Sur la plaque qui va au four, dispose 6 tranches de pain de mie puis prépare les 10 tranches de jambon. Coupe-les en deux et mets-les de côté.

Prends la préparation à la crème et disposes-en sur chaque tranche de pain de mie. Mets ensuite 2 ou 3 tranches de jambon. Puis, remets de la préparation. Renouvelle cette étape avec tous les croque-monsieur ! Une fois qu'ils sont tous faits, remets une tranche de pain de mie que tu recouvres ensuite de la préparation à la crème. Garnis généreusement le tout de fromage râpé.

Enfourne ton plat, toujours à 190 °C (attention, pour certains fours ça peut être 200 °C), pendant 10 minutes environ, si les croques-monsieur ne sont pas gratinés sur le dessus, prolonge la cuisson jusqu'à ce qu'ils soient dorés.

FRITES DE LÉGUMES

C'est une recette qui aide à faire manger des légumes à nos enfants tout en prenant du plaisir. Elle est surtout rapide.

INGRÉDIENTS

- 2 carottes
- 2 pommes de terre
- 2 patates douces
- 2 betteraves fraîches

ACCOMPAGNEMENT

- *Wings* ou blanc de poulet
- Œufs au plat

Astuce

Je fais cette recette en version chips et c'est super pour l'apéro ! Il suffit de couper les légumes à la mandoline (les chips seront fines) et de les faire cuire à la friteuse. Tu peux retrouver la recette page 101.

PRÉPARATION

Lave et épluche les carottes, les pommes de terre, les patates douces, et les betteraves fraîches.

Coupe les légumes en forme de frites (attention, elles ne doivent être ni trop épaisses ni trop fines). Si tu as une mandoline spéciale frites, c'est parfait. Sinon, coupe-les au couteau afin d'avoir la taille que tu souhaites.

Pendant ce temps, fais chauffer la friteuse. Quand l'huile est chaude, mets-y les frites de légumes, puis retire-les dès qu'elles sont cuites. Il en existe une version plus *light* si tu le souhaites : tu peux faire cuire tes frites de légumes au four avec un filet d'huile.

Une fois les frites cuites, saupoudre-les de sel.

LES SALADES

Été comme hiver, il me faut de la salade. Si je pouvais, je ne mangerais que ça tous les jours ! C'est tellement rapide à faire et c'est un tel plaisir à manger… J'ai énormément de recettes de salades diverses et variées, je suis heureuse de te les partager aujourd'hui.

SALADE « MEXICAINE » RAPIDE

Pour accompagner certains plats de ma soirée du vendredi, je fais souvent cette petite salade à la mexicaine qui est très rapide à faire.

INGRÉDIENTS

- 1 bol de maïs
- 1 bol de haricots rouges (en conserve)
- 1 bol de tomates cerises
- 1 concombre
- 1 oignon
- 2 c. à c. de miel
- 2 c. à s. d'huile d'olive
- 2 c. à s. de vinaigre
- Quelques feuilles de laitue (facultatif)

ACCOMPAGNEMENT

- Tu peux proposer cette entrée avec le plat de chili con carne (voir « Chili con carne à ma façon », page 76)

Astuces

Tu peux faire cette recette avec des haricots rouges frais ainsi que du maïs frais, mais attention, fais une précuisson et ne les mange pas crus pour une meilleure digestion.
Tu peux adapter la vinaigrette selon tes goûts. Là, j'ai voulu jouer sur un petit goût sucré-salé.

PRÉPARATION

Épluche le concombre et coupe-le en tout petits morceaux. Coupe les tomates en deux. Réserve le tout.

Prends le maïs et les haricots rouges (que tu auras égouttés) et mets-les avec le concombre et les tomates.

Prends ensuite l'oignon que tu as épluché et coupe-le en tout petits morceaux.

Dans un grand saladier, rassemble tous tes ingrédients qui ont été préparés. Tu peux ajouter quelques feuilles de laitue coupées en petits morceaux.

Une fois que tu as mélangé le tout, tu vas préparer la vinaigrette.

Mélange le miel, l'huile d'olive et le vinaigre et incorpore-les dans la salade.

SALADE DE POIREAUX

Un vrai régal cette recette, et surtout elle change des poireaux que l'on peut avoir l'habitude de manger en fondue… J'ai découvert la salade de poireaux lorsque je travaillais à l'hôpital et je me suis dit : pourquoi pas la faire à ma façon ?

INGRÉDIENTS

- 4 poireaux
- 3 œufs
- Huile d'olive
- Vinaigre de cidre
- 1 échalote
- Moutarde
- Ail et oignon en poudre

ACCOMPAGNEMENT

- Tu peux servir cette salade en entrée, elle s'accorde bien avec un plat de poisson juste après

Astuce

Tu peux adapter la vinaigrette selon tes goûts.

PRÉPARATION

Lave les poireaux et coupe le « cul ». Enlève les feuilles vertes, il ne doit rester que le blanc du poireau. Nettoie de nouveau. Ensuite, fends tes poireaux dans la longueur sans les couper en deux.

Dans une poêle assez grande, mets à chauffer un peu d'huile d'olive. Mets les poireaux dans la poêle quelques minutes sur chaque face, puis recouvre d'eau. Laisse mijoter pendant 15 à 20 minutes.

Pendant ce temps, prépare la vinaigrette et les œufs. Dans une casserole, plonge les œufs dans de l'eau bouillante. Laisse-les cuire 8 à 10 minutes.

Pour la vinaigrette, coupe ton échalote en fines rondelles. Ensuite, ajoute dans le bol où tu vas mettre les échalotes quatre cuillères à soupe d'huile d'olive, trois cuillères à café de vinaigre de cidre, une cuillère à soupe de moutarde. Ajoute l'ail et l'oignon en poudre, puis mélange le tout.

Une fois que les poireaux sont cuits, égoutte-les et mets-les dans un plat. Ajoute sur le dessus la vinaigrette et réserve.

Récupère les œufs. Enlève les coquilles et coupe-les en petits morceaux.

Une fois que tes œufs sont prêts, parsème-les sur les poireaux ainsi que la vinaigrette.

SALADE DE POMMES DE TERRE

C'est une salade parfaite, très rapide à faire et qui convient à toute la famille.

INGRÉDIENTS

- 6 grosses pommes de terre
- 1 oignon blanc
- Anchois salés (facultatif)
- Sel et poivre
- Huile d'olive
- Persil (facultatif)

ACCOMPAGNEMENT

- Tu peux accompagner ta salade de pommes de terre avec du poisson pané maison, c'est très bon

Astuce

Si tu le souhaites, tu peux ajouter des olives noires dénoyautées que tu couperas en deux.

PRÉPARATION

Commence par faire chauffer de l'eau, une fois qu'elle bout, mets les six pommes de terre et laisse-les cuire parfaitement, jusqu'à ce que tu puisses planter un couteau dedans et sentir qu'elles sont fondantes.

Une fois que les pommes de terre sont bien cuites, retire-les de l'eau et passe-les sous l'eau froide. Retire la peau des pommes de terre. Fais-le sous l'eau froide pour éviter de te brûler et pour faciliter le retrait de la peau.

Coupe les pommes de terre en morceaux et mets-les dans un saladier.

Prends l'oignon blanc et coupe-le en petits morceaux que tu vas ajouter dans ton saladier.

Je te conseille de mettre quelques anchois salés (facultatif). Dessale les anchois avec de l'eau froide, ajoute-les directement dans ton saladier avec les pommes de terre et l'oignon.

Une fois tous les ingrédients mis ensemble, mets l'huile d'olive, le sel, le poivre et le persil (facultatif). Mélange le tout.

SALADE DE SCAMPIS (CREVETTES)

C'est une salade que je peux manger en guise de plat tant il est complet.

INGRÉDIENTS

- 400 g de crevettes, déjà cuites et décortiquées
- 100 g de tomates cerises
- 50 g d'oignon
- 2 avocats
- Coriandre
- 1 citron vert entier
- Sel et poivre

Astuce

Il se peut que tu trouves ce plat un peu sec ou que tu n'aimes pas le jus de citron. Il te suffit de faire une vinaigrette que tu as l'habitude de faire ou comme tu l'aimes. Pourquoi pas une vinaigrette pour salade césar qui accompagne très bien les crevettes ?

PRÉPARATION

Si tu as pris des crevettes qui n'étaient pas déjà décortiquées et cuites, commence par faire cuire les crevettes dans une poêle avec un peu d'huile d'olive. Par la suite, décortique-les et découpe-les en tout petits morceaux.

Si tu as déjà des crevettes cuites et décortiquées, il te suffit de les couper en tout petits morceaux. Mets-les dans un plat.

Prends les tomates cerises, lave-les, coupe-les en quatre et ajoute-les dans ton plat.

Prends ensuite l'oignon, coupe-le en petits morceaux et ajoute-le aux crevettes et aux tomates.

Coupe les avocats en deux, retire le noyau, enlève la peau et coupe-les en petits carrés que tu vas ajouter avec le reste de la préparation.

Lave la coriandre, cisèle-la finement puis mets-la dans le plat.

Pour finir, prépare la « vinaigrette ». Il n'y a rien de bien compliqué. Prends un citron vert, presse-le, récupère le jus que tu vas disperser sur la salade. Ensuite, ajoute le sel et le poivre. Mélange le tout généreusement. Tu vas voir, c'est excellent !

SALADE DE PÂTES AU PESTO

On connaît la salade de pâtes traditionnelle que tout le monde peut faire, je vous en donne ici une autre variante qui est excellente et qui convient à toute la famille.

INGRÉDIENTS

- 500 g de poulet env., façon *tender* (voir « *Tenders* croustillants », page 113)
- 1 paquet de pâtes type orecchiettes
- Sauce pesto (voir « Sauce pesto », page 148)
- Quelques feuilles d'épinard frais
- Tomates cerises
- 1 oignon rouge
- Copeaux de parmesan

Astuce

Tu peux faire cette recette avec une sauce césar.

PRÉPARATION

Commence par faire bouillir de l'eau et par faire cuire les pâtes.

Pendant ce temps, prépare des *tenders* de poulet.

Une fois que les *tenders* de poulet sont prêts, prépare la sauce au pesto.

Ensuite, prépare les légumes. Coupe les tomates cerises en deux et l'oignon rouge en tout petits morceaux. Rince les feuilles d'épinard à l'eau.

Quand tout est prêt, mets les pâtes cuites dans un grand saladier, les *tenders* de poulet, les légumes puis la sauce pesto et les feuilles d'épinard. Mélange le tout et saupoudre de copeaux de parmesan.

SALADE SUCRÉ-SALÉ

J'adore le sucré-salé, surtout lorsque les beaux jours arrivent. Je partage avec toi l'une de mes nombreuses recettes, je n'avais que l'embarras du choix !

INGRÉDIENTS

- 1 melon
- 1 tomate cœur-de-bœuf rouge
- 1 tomate cœur-de-bœuf jaune
- Feta
- Huile d'olive
- Sel et poivre
- Persil séché (facultatif)
- Crème balsamique (facultatif)

ACCOMPAGNEMENT

- Tu peux faire cette recette avec des œufs durs ou des œufs mimosas ou accompagnée d'une pissaladière

Astuces

Tu peux faire cette recette en remplaçant le melon par des fraises ou bien par des brugnons.
Pour la feta, je te conseille de prendre des cubes qui ont déjà mariné dans de l'huile et des herbes. Je trouve que ça donne beaucoup plus de goût.

PRÉPARATION

Commence par couper le melon en deux, retire les pépins et coupe-le en petits morceaux.

Lave puis coupe les tomates en morceaux (étant donné que les tomates cœur-de-bœuf sont bien charnues, il n'y a pas de gaspillage).

Mets les morceaux de melon et de tomates ensemble. Ajoute ensuite la feta (mets-en plus ou moins selon tes goûts). À la maison, nous adorons ça, donc je suis bien généreuse avec.

Verse un filet d'huile d'olive, rajoute un tout petit peu de sel, de poivre, puis du persil séché si tu le souhaites. Mélange le tout.

Si tu souhaites ajouter un petit goût d'acidité, mets de la crème balsamique. C'est excellent !

SALADE DE POIVRONS À MA FAÇON

C'est une recette qui prend un peu de temps mais qui est excellente. Je t'en donne dans les astuces une version plus rapide, plus simple et tout aussi bonne.

INGRÉDIENTS

- 6 gros poivrons rouges
- Huile d'olive
- Ail et oignon en poudre
- Persil plat en poudre
- Crème balsamique
- Dés de feta (facultatif)

ACCOMPAGNEMENT

- Tu peux accompagner cette recette avec un morceau de pain et du fromage de chèvre à tartiner.

Astuce

Il existe une version plus rapide de cette recette que je te conseille si tu as des invités de dernière minute. Au lieu de poivrons frais que tu vas cuire, tu peux acheter des lanières de poivrons (en conserve). Pas besoin de les égoutter, mets-les dans une assiette et ajoutes-y les ingrédients de la recette. En moins de trois minutes, la salade est prête.

PRÉPARATION

Préchauffe le four à 190 °C.

Sur une plaque, dispose les poivrons rouges entiers.

Enfourne environ 40 minutes d'un premier côté puis retourne les poivrons et prolonge à nouveau la cuisson de 40 minutes pour que la deuxième face cuise.

Ne t'inquiète pas, les poivrons vont devenir noirs. Tu vas avoir l'impression qu'ils ont brûlé, mais ce n'est pas le cas.

Une fois les poivrons cuits, retire-les du four, laisse-les refroidir.

Prends deux assiettes ainsi que ton plat où il y a les poivrons. Tu vas devoir retirer toute la peau des poivrons. Passe-les sous l'eau (retire avant le chapeau du poivron). Tire dessus et les pépins vont venir d'eux-mêmes.

Une fois que tu as retiré le chapeau avec les pépins, retire la peau des poivrons (lamelle par lamelle) et mets-la dans une assiette. Dans l'autre assiette, mets la chair des poivrons.

Renouvelle les étapes pour tous les poivrons. Mets l'assiette où il y a la chair des poivrons de côté et jette à la poubelle la peau et les pépins.

Ajoute aux lamelles de poivron de l'huile d'olive et mélange le tout.

Parsème généreusement d'ail et d'oignon en poudre.

Ajoute le persil, les morceaux de feta et la crème balsamique.

SALADE PASCALE

Cette salade est une recette très simple que l'on retrouve sur notre table au moment de fêter Pâques en famille.

INGRÉDIENTS

- 1 salade romaine
- 2 œufs
- Quelques anchois en boîte
- Huile d'olive
- Sel et poivre

ACCOMPAGNEMENT

- Tu peux accompagner cette recette avec le repas typique que tu as l'habitude de faire pour Pâques, par exemple de l'agneau

Astuce

Tu peux également faire cette recette sans les anchois, mais je trouve que ça fait perdre en goût.

PRÉPARATION

Commence par faire bouillir de l'eau. Mets-y les œufs (cuisson : 10 minutes).

Pendant ce temps, prends la salade romaine, lave-la et égoutte-la. Coupe-la et mets-la dans un saladier.

Prends quelques anchois qui se trouvent dans la boîte, passe-les sous l'eau pour les dessaler. Attention, c'est important parce que sinon c'est immangeable.

Mets-les dans un petit bol, ajoute ensuite l'huile d'olive et le poivre. Mélange bien le tout et réserve.

Une fois que les œufs sont cuits, passe-les sous l'eau pour les refroidir. Retire les coquilles. Coupe-les en rondelles et dispose-les dans la salade.

Parsème ensuite de ta préparation d'huile d'olive avec les anchois, le sel et le poivre.

PARTIE IV

BONUS

Dans cette partie, tu vas retrouver des recettes sans PLV et lactose, testées et validées par Neela et toute la famille ! Et puis aussi mes trois sauces ultra-basiques et très gouteuses, à cuisiner sans modération et mes trois vinaigrettes indispensables.

LES RECETTES DE NEELA SANS PLV NI LACTOSE

Les allergies ! Si j'avais cru un jour que j'allais devoir cuisiner sans protéines de lait de vache ni lactose ! Moi, l'adepte du fromage et de la crème... Eh bien, j'y suis arrivée ! J'avais très peur, c'était l'inconnu, mes premières recettes furent chaotiques (car on ne cuisine pas du végétal comme du non-végétal). Il était important pour moi que Neela puisse manger comme tout le monde, qu'elle ait les mêmes choses que nous dans son assiette.

GRATIN DE LÉGUMES À LA *CRÈME* VÉGÉTALE

Pour cette recette, je vais n'utiliser qu'un seul légume mais il est possible d'y incorporer les légumes que tu souhaites.

Si tu as un bébé et que tu désires faire cette recette, c'est possible aussi en mixant le tout à la fin.

INGRÉDIENTS POUR 1 PERSONNE

- 1 grosse courgette
- 1 pomme de terre
- 2 œufs
- 1 brique de *crème* végétale (idéalement, on peut choisir de la *crème* d'amande, de riz ou d'avoine)
- Faux fromage râpé
- Sel et poivre

ACCOMPAGNEMENT

- Avec des coquillettes
- Avec du poisson
- Avec de la viande

Astuce

Il est possible de mettre des légumes autres que les courgettes et les pommes de terre. Cette recette est parfaite aussi avec des carottes.

PRÉPARATION

Préchauffe le four à 210 °C.

Nettoie la courgette et coupe-la en rondelles fines, fais de même pour la pomme de terre après l'avoir épluchée.

Dans une poêle, fais revenir rapidement la courgette et la pomme de terre avec un peu d'huile d'olive. Attention, ne les fais pas trop cuire.

Pendant ce temps, verse la brique de *crème* dans un bol, ajoute les deux œufs, le sel, le poivre puis mélange le tout.

Prends un plat allant au four et mets-y les légumes. Ajoute par-dessus la préparation à la *crème* avec les œufs.

Prends le faux fromage et saupoudres-en ton plat.

Enfourne-le 25 à 30 minutes environ. Attention, le faux fromage a parfois du mal à fondre, le plus important est que les légumes soient cuits et fondants.

Si tu as un bébé à la maison, tu peux mixer le tout.

PURÉE VÉGANE

La purée maison, c'est bon ! La purée végane c'est possible ! Végane pourquoi ? Car elle est faite avec une *crème* végétale ou du *lait* végétal. Vous pouvez faire cette recette si vous avez des bébés.

Je te propose une purée de pommes de terre, mais il est possible de la faire avec d'autres légumes.

INGRÉDIENTS POUR 1 PERSONNE

- 2 pommes de terre
- *Beurre* végétal (par exemple margarine, certaines marques font du beurre végane)
- 20 cl env. de *crème* végétale (de préférence *crème* de riz, d'amande, ou du *lait* végétal si tu souhaites que ce soit bien liquide)
- Sel
- Poivre et muscade (facultatif)

ACCOMPAGNEMENT

- Des saucisses (attention, si tu utilises des saucisses n'oublie pas qu'il y a un risque d'étouffement pour les enfants. Il faut donc les couper dans la longueur et non en rondelles)
- Des petits pois

PRÉPARATION

Fais bouillir de l'eau dans une casserole puis lave et épluche les pommes de terre. Coupe-les en morceaux.

Mets les morceaux de pommes de terre dans l'eau et laisse cuire environ 10 minutes selon la grosseur des morceaux.

Une fois les pommes de terre cuites, retire-les de l'eau et mets-les dans un plat, ajoute environ 1 c. à s. de *beurre*. Écrase le tout avec un presse-purée (si tu n'en as pas, n'hésite pas à le faire avec une fourchette).

Après avoir écrasé les pommes de terre et le *beurre*, ajoute petit à petit la *crème* végétale. Mélange jusqu'à avoir une bonne consistance de purée (si ta purée est trop épaisse, rajoute petit à petit de la *crème*). Attention, ne va pas trop rapidement avec la *crème*, autrement la purée sera trop liquide. Il est important de bien écraser et de mélanger les pommes de terre pour avoir la bonne texture. Si tu ne souhaites pas utiliser de la *crème*, tu peux faire la même chose avec du *lait* végétal. Sale, puis tu peux mettre du poivre, ou bien une noix de muscade.

POULET À LA *CRÈME*

Même si ton enfant a des allergies, il peut manger (presque) comme tout le monde, il suffit d'adapter la recette. C'est ce qui se passe ici !

INGRÉDIENTS POUR 1 PERSONNE

- 1 ou 2 blancs de poulet
- 20 cl de *crème* végétale (amande ou riz)
- 1 poignée de champignon de Paris
- 2 ou 3 c. à s. de fond de veau (attention à la composition, il y a du lactose dans certaines marques)
- *Beurre* végétal

ACCOMPAGNEMENT

- Avec du riz ou des pommes de terre vapeur

Astuce

Si tu commences à introduire la viande dans l'alimentation de ton bébé, tu peux mixer et mélanger cette recette avec de la purée si tu le souhaites.

PRÉPARATION

Coupe les blancs de poulet en morceaux.

Mets dans une poêle une noisette de *beurre* végétal et fais cuire les blancs de poulet.

Une fois que les blancs de poulet sont cuits, ajoute la *crème* végétale puis le fond de veau, mélange le tout, la *crème* va changer de couleur (si tu souhaites qu'elle soit plus épaisse, n'hésite pas à ajouter des cuillères de fond de veau), laisse mijoter quelques minutes.

Ajoute ensuite une poignée de champignon de Paris.

Puis laisse mijoter 10 à 15 minutes à feu doux.

GNOCCHIS À LA *CRÈME* ET POUSSES D'ÉPINARD

Tu peux te permettre d'être gourmand malgré les allergies. Avoir des allergies ne veut pas dire se priver des bonnes choses. Tu peux adapter toutes tes recettes et les rendre encore plus gourmandes grâce aux épices…

INGRÉDIENTS POUR 1 PERSONNE

- 1 échalote
- 180 g de gnocchis (attention à certaines marques, tu peux y trouver des traces de lactose)
- 6 poignées de pousses d'épinard frais
- 15 cl de *crème* végétale (riz, si possible)
- 1 noisette de *beurre* végétal
- Sel ou poivre
- Faux fromage râpé

ACCOMPAGNEMENT

- Avec une salade de tomate mozarella (en version végétale dite faux fromage)

Astuce

Pour les faux fromages, tu peux trouver différents goûts comme «cheddar», «mozza», «emmental»… Je te conseille de prendre tous ceux que tu souhaites sauf celui au cheddar qui serait beaucoup trop fort en goût pour cette recette.

PRÉPARATION

Émince l'échalote.

Mets dans un wok une noisette de *beurre*, ajoute ensuite l'échalote émincée (que tu vas faire revenir) puis ajoute les pousses d'épinard (attention, celles-ci vont réduire, c'est normal).

Une fois que les pousses d'épinard ont réduit, ajoute la *crème*, sale, poivre et laisser mijoter.

Pendant que ça mijote, fais cuire les gnocchis (attention, il ne faut pas prendre des gnocchis à cuire à la vapeur).

Une fois les gnocchis cuits, égoutte-les et mélange-les à la préparation de *crème* et d'épinard.

Servir bien chaud.

Pour encore plus de gourmandise, tu peux préchauffer le four sur la fonction gril.

Mets tes gnocchis avec la sauce dans un plat allant au four et ajoute du faux fromage râpé. Mets ton plat au gril 3 à 8 minutes une fois que le tout est bien gratiné.

RISOTTO AUX CHAMPIGNONS ET *CRÈME* VÉGÉTALE

Pour changer des pâtes, je te propose une recette de risotto 100 % végane étant donné qu'il n'y aura pas de crème fraîche. Cette recette est parfaite pour toute la famille même si vous n'avez pas d'allergies aux PLV ou au lactose.

INGRÉDIENTS

- 1 oignon
- Riz spécial risotto (50 g par personne)
- Entre 500 et 800 ml de bouillon de légumes
- *Beurre* végétal
- Sel, poivre, persil (facultatif)
- 400 g de champignons de Paris frais
- 40 cl de *crème* végétale
- Faux fromage râpé

ACCOMPAGNEMENT

- Avec une escalope milanaise ou des boulettes

Astuce

Si tu souhaites toi aussi partager ce plat mais que tu ne veux pas y mettre du faux fromage, tu peux le remplacer par du parmesan, si tu n'as pas d'allergie bien sûr.

PRÉPARATION

Coupe l'oignon en petits morceaux, mets-les ensuite dans une casserole avec du beurre. Fais-les revenir. Mélange tant que les tranches ne sont pas dorées.

Ajoute ensuite le riz que tu vas faire blanchir en ajoutant une noisette de *beurre*.

Prépare le bouillon de légumes en mettant 500 à 800 ml d'eau et 2 cubes de bouillon de légumes.

Une fois que les cubes de bouillon sont dissous, verse une première partie de ton bouillon sur le riz, mélange sans arrêt pour éviter que le riz ne colle à la poêle. Rajoute du bouillon et renouvelle les étapes. Continue tant que le riz n'est pas cuit (pour savoir s'il est bien cuit, n'hésite pas à le goûter : s'il est toujours dur ou croquant, continue de rajouter du bouillon).

Pendant que le riz cuit, fais revenir dans une poêle avec une noisette de *beurre* les champignons de Paris frais (préalablement coupés en petits morceaux), puis fais-les revenir.

Au bout de 40 minutes environ, le riz devrait être cuit. N'hésite pas à ajouter les champignons, ajoute ensuite la *crème* végétale, le sel, le poivre jusqu'à ce que le tout soit bien mélangé. Parsème de persil si tu le souhaites.

Tu peux ensuite ajouter le faux fromage râpé à défaut de pouvoir mettre du parmesan.

HACHIS PARMENTIER DE POISSON

Pour cette recette, je te conseille de suivre la recette de la purée végane, page 140.
Tu peux faire cette recette pour ton bébé dès que tu as introduit le poisson dans son alimentation. C'est un plat complet.

INGRÉDIENTS

Purée
- Voir « Purée végane », page 140, pour les ingrédients de la purée

Poisson
- 350 g de poisson blanc sans arêtes type colin ou cabillaud
- Sel et poivre
- Cube de bouillon de légumes
- 10 cl de *crème* végétale
- Chapelure
- Quelques morceaux de *beurre* végétal

ACCOMPAGNEMENT

- C'est un plat qui est complet, mais pourquoi pas y ajouter de petits morceaux de carottes ?

Astuce

Prends un plat pas trop grand pour éviter qu'il ne brûle. Il faut un petit plat carré ou rectangulaire.

PRÉPARATION

Préchauffe le four à 210 °C à chaleur tournante.

Deux préparations possibles pour la cuisson du poisson (bouilli ou à la vapeur).

Bouilli : fais chauffer de l'eau dans une casserole, mets le cube de bouillon de légumes, puis plonges-y ton poisson, retire-le dès qu'il est bien cuit.

À la vapeur : dans ton appareil à vapeur ou une Cocotte-minute, mets le poisson et fais-le cuire à la vapeur pendant 10 à 15 minutes (jusqu'à ce qu'il soit cuit selon la grosseur).

Pendant le temps de cuisson du poisson, n'hésite pas à préparer la purée végane. Attention, ne fais pas ta purée trop liquide.

Une fois que ton poisson est cuit, mets dans un saladier le poisson puis la *crème* végétale, le sel, le poivre et mélange le tout pour former comme une bouillie.

Une fois la « bouillie » faite, prends un plat allant au four et mets le poisson au fond du plat puis par-dessus ajoute la purée. Avec une fourchette, fais des traits puis saupoudre de chapelure.

Rajoute quelques morceaux de *beurre* végétal sur la purée, avant d'enfourner pendant 30 à 35 minutes à 200 °C à chaleur tournante. Il faut que le dessus de ton hachis parmentier soit bien doré.

LES SAUCES BASIQUES

Dans mes recettes, toutes les sauces ont quasiment les mêmes ingrédients : soit de la tomate, soit de la crème, soit de l'huile d'olive. Il m'arrive très souvent de changer les aromates ou les épices pour donner un goût différent mais la base est toujours la même. N'hésite pas à préparer les sauces en amont, à les conserver correctement et par la suite à les ajuster à tes plats !

SAUCE PESTO (PLUSIEURS VARIANTES)

Je vais te donner la recette de ma sauce pesto, que tu peux bien sûr décliner de plein de façons différentes.

INGRÉDIENTS

- 2 bouquets de basilic frais
- 2 à 4 gousses d'ail
- 50 g de pignons de pin
- 4 ou 5 c. à s. de parmesan râpé
- 6 à 8 c. à s. d'huile d'olive
- Sel et poivre

ACCOMPAGNEMENT

- Le pesto est idéal avec toutes sortes de pâtes. Je te conseille de faire des gnocchis gratinés, mais tu peux aussi te servir du pesto comme assaisonnement pour les salades

Astuce

Il est possible aussi de faire d'autres variantes du pesto, il suffit de prendre la base de la recette et de remplacer par exemple les pignons par de la feta, ce qui te donne un pesto de brebis.

PRÉPARATION

Commence par retirer toutes les feuilles de ton bouquet et mets-les dans un mixeur.

Épluche et retire le germe des gousses d'ail. Coupe-les gousses grossièrement et ajoute-les dans le mixeur où il y a le basilic. Ajoute ensuite les pignons ainsi que le parmesan.

Mixe à fond et incorpore petit à petit l'huile d'olive. Continue de mixer jusqu'à avoir une préparation homogène sans morceaux.

Version pesto rouge : il va te falloir environ 250 g de tomates séchées, une échalote, 80 g de pignons, 2 à 6 cuillères à soupe d'huile d'olive, un demi-citron, une cuillère à café de piment d'Espelette, du piment doux ou du paprika.

Égoutte les tomates séchées (pas trop), mets-les dans le mixeur et ajoute ensuite les pignons ainsi que le jus du demi-citron. Tout en continuant à mixer, ajouter au fur et à mesure l'huile d'olive. Une fois que tout est mélangé, ajoute les épices. À toi de voir ce que tu préfères entre le piment doux, le piment d'Espelette ou le paprika.

SAUCE TOMATE

Tu vas pouvoir utiliser cette sauce aussi bien pour les pâtes que pour le poisson. C'est une base, à toi de l'adapter ensuite selon les épices et les aromates.

INGRÉDIENTS

- 2 briques de sauce tomate nature
- 1 brique de concassé de tomates
- 1 ou 2 c. à s. de concentré de tomates
- 1 morceau de sucre
- Filet d'huile d'olive
- Aromates, épices
- Sel et poivre

ACCOMPAGNEMENT

- Cette sauce tomate peut accompagner des pâtes, des légumes, de la viande, du poisson. Bref, la sauce tomate ça passe avec tout !

Astuce

Il faut faire attention à la sauce tomate que tu vas acheter. Selon les marques que tu vas prendre, le rendu ne sera jamais le même. Je te laisse donc le soin de choisir ta marque selon tes goûts.

PRÉPARATION

Dans une grande casserole, mets la sauce tomate nature, le concassé de tomates et le concentré de tomates. Commence par chauffer à feu fort.

Pendant ce temps, ajoute le morceau de sucre ainsi que le filet d'huile d'olive et un peu de sel et de poivre.

Baisse le feu et laisse mijoter pendant au minimum 30 minutes. Le temps de cuisson de la sauce est ce qui fera toute la différence (à cuire à feu très doux).

C'est la version la plus simple que tu vas pouvoir adapter sans te poser de questions.

Je te propose quelques versions différentes.

Version 1 : dans la base de ta sauce qui est en train de mijoter, ajoute un peu d'ail et d'oignon en poudre ainsi que de la marjolaine. Cette version-là sera idéale lorsque tu feras une sauce pour des pizzas.

Version 2 : prends trois gousses d'ail (retire le germe). Presse-les, mets-les dans une casserole et fais-les revenir avec de l'huile d'olive. Ajoute ensuite le concassé de tomates et une cuillère à soupe de concentré avec ton sucre (laisse mijoter un petit moment). Au fur et à mesure de la cuisson, ajoute soit du paprika, soit du piment. Cette version est idéale pour les pâtes ou une sauce beaucoup plus épicée pour les viandes.

Version 3 : prends la base de la sauce et ajoutes-y des épices (comme le cumin, le curcuma, le paprika, le piment doux...). Tu vas pouvoir utiliser cette sauce avec des pommes de terre et un morceau de viande en accompagnement.

SAUCE AUX ÉCHALOTES

Oh la la ! la sauce aux échalotes, c'est la sauce avec laquelle tu vas pouvoir accompagner beaucoup de tes viandes ainsi que tes pommes de terre ou ton rosbif.

INGRÉDIENTS

- 8 à 10 échalotes
- Huile d'olive ou huile de friture
- Fond de veau
- De l'eau
- 1 noisette de beurre
- Vin rouge

ACCOMPAGNEMENT

- Tu peux très bien accompagner toutes tes viandes ou tes purées de pommes de terre avec cette sauce aux échalotes, je te garantis qu'elle est excellente !

Astuce

Tu vas pouvoir tout simplement varier selon tes goûts concernant les quantités. Personnellement, pour certaines recettes j'ajoute beaucoup plus de fond de veau.

PRÉPARATION

Tu as la possibilité de faire cette recette de deux façons différentes, soit au four, soit à la poêle…

Version four : il te suffit de regarder la recette « Rosbif de Mamou », page 41.

Version poêle : dans une poêle, mets une noisette de beurre, pendant que celle-ci fond, occupe-toi des échalotes. Épluche-les et coupe-les en rondelles. Mets-les dans la poêle et laisse-les revenir quelques minutes. Ensuite, déglace-les légèrement avec du vin rouge, puis mets de l'eau. Ajoute l'huile d'olive et trois ou quatre cuillères de fond de veau que tu vas ensuite mélanger et que tu vas verser dans ta poêle où se trouvent les échalotes. Laisse-les mijoter quelques minutes pour que cela réduise (jusqu'à obtenir un jus de couleur brune). Si tu souhaites que ce soit un peu plus liquide, n'hésite pas remettre un peu d'eau.

LES DIFFÉRENTES VINAIGRETTES

Nous avons tous des façons différentes de faire nos vinaigrettes ! J'aime bien varier, selon les salades et les saisons. Je vous partage ici mes trois indispensables. L'une d'entre elles me vient de mon papa. Eh oui, les hommes cuisinent aussi dans ma famille !

VINAIGRETTE AU FOND DE VEAU

INGRÉDIENTS

- 3 c. à s. d'huile d'olive
- 2 c. à c. de fond de veau
- Sel et poivre
- 1 filet de vinaigre (facultatif)

ACCOMPAGNEMENT

- Très bon avec une salade d'endives

PRÉPARATION

Dans un bol, mets du fond de veau, de l'huile, du sel, du poivre et mélange le tout. Ajoute si besoin un filet de vinaigre.

VINAIGRETTE DE MON PAPA

INGRÉDIENTS

- 6 c. à s. d'huile d'olive
- 2 c. à s. de moutarde forte (ou moutarde à l'ancienne)
- 4 c. à c. de vinaigre
- Sel et poivre
- Aromates (facultatif)

ACCOMPAGNEMENT

- Mon papa aime bien faire cette vinaigrette avec une salade verte toute simple

PRÉPARATION

Mets dans un bol tous tes ingrédients que tu vas ensuite bien mélanger. Ajoute des aromates si tu le souhaites pour donner plus de goût.

VINAIGRETTE CITRONNÉE

INGRÉDIENTS

- 6 c. à s. d'huile d'olive
- 1 c. à c. de moutarde
- 1 jus de citron
- Ail sec ou 1 gousse d'ail
- 1 c. à c. de miel

ACCOMPAGNEMENT

- Avec un artichaut, c'est excellent !

PRÉPARATION

Râpe l'ail dans un bol ou mets l'ail sec, puis mets de côté.

Ensuite, presse le citron et ajoute le jus dans le bol.

Ajoute l'huile, la moutarde et mélange le tout.

Pour un goût sucré-salé, ajoute une cuillère à café de miel.

CONCLUSION

Après bientôt huit ans sur Instagram à partager mon quotidien, mes recettes, mes astuces... puis plus de deux ans et demi à écrire ce livre, je suis heureuse qu'il puisse voir le jour grâce à cette promesse que j'ai faite et que je suis arrivée à tenir. Ces quelques pages ne sont qu'une infime partie de ce que je peux encore vous offrir en astuces, en recettes et bien d'autres encore.

Je voulais terminer avec ces quelques remerciements.

Merci Manet, Mémé et mamie Aimée pour toutes ces transmissions de génération en génération.

Merci Maman et Papa d'avoir été les parents que vous êtes et qui m'ont fait devenir la femme que je suis aujourd'hui.

Merci à mon futur mari, Ludovic, et à mes enfants Liam et Neela, pour toutes les concessions que vous avez faites afin que je puisse écrire ce livre, de manger avec plaisir mes recettes, d'avoir cru en moi lorsque je pensais tout arrêter et ne pas y arriver.

Merci à mon petit frère Thomas qui a été une des premières personnes à goûter mes premiers plats lorsque j'étais plus jeune.

Merci à Laurie et Justine, mes belles-sœurs, qui m'ont soutenue et avec qui je partageais l'avancée de ce beau livre.

Merci à Marie, cette personne que personne ne connaît mais qui a vu le potentiel de ce projet le jour où je le lui ai présenté.

Merci à vous, les personnes qui me suivent sur Instagram, pour votre patience, vos encouragements durant toutes ces années où je vous parlais de mon « fameux projet ».

Et merci à toutes les personnes que je ne peux citer (mais qui se reconnaîtront) qui ont été là du début à la fin, pour me soutenir.

En écrivant cette dernière ligne (avec beaucoup d'émotion), je me rends compte que ce chapitre est terminé, mais que c'est peut-être le commencement d'un nouveau, à venir dans quelques années...

pca
cmb
édition pré-presse
livres numériques

44400 Rezé

Achevé d'imprimer en avril 2024 par Graphycems en Espagne.
Dépôt légal : mai 2024.